DELPHINE HORVILLEUR

ÜBERLEGUNGEN ZUR
FRAGE DES
ANTISEMITISMUS

Aus dem Französischen
von Nicola Denis

Hanser Berlin

Die französische Originalausgabe erschien 2019
unter dem Titel *Réflexions sur la question antisémite*
bei Grasset, Paris.

3. Auflage 2020

ISBN 978-3-446-26596-7
© 2019 Éditions Grasset & Fasquelle
Alle Rechte der deutschen Ausgabe
© 2020 Hanser Berlin in der
Carl Hanser Verlag GmbH & Co. KG, München
Umschlag: Anzinger und Rasp, München
Satz: Greiner & Reichel, Köln
Druck und Bindung: CPI books GmbH, Leck
Printed in Germany

MIX
Papier aus verantwor-
tungsvollen Quellen
FSC® C083411

Im Gedenken an Simone und Marceline,
»Mädchen von Birkenau«, die uns beigebracht haben
zu leben.

Im Gedenken an Sarah und Isidore,
meine zugleich über- und unterlebenden Großeltern.

Was habe ich mit Juden gemeinsam? Ich habe kaum etwas mit mir gemeinsam.

FRANZ KAFKA

Wir sind jetzt in der Lage, den Antisemiten zu verstehen. Er ist ein Mensch, der Angst hat. Nicht vor den Juden, gewiß: vor sich selbst, vor seinem Bewusstsein, vor seiner Freiheit, vor seinen Trieben, vor seiner Verantwortung, vor der Einsamkeit, vor der Veränderung, vor der Gesellschaft und der Welt; vor allem, außer vor den Juden … der Mensch, der ein unbarmherziger Felsen, ein rasender Sturzbach, ein vernichtender Blitz sein will: alles, nur kein Mensch.

JEAN-PAUL SARTRE

INHALT

PROLOG

Warum werden die Juden* nicht gemocht? »Weil sie nicht nett (*gentils*) sind«, sagte Jacques Lacan. Und formulierte damit humorvoll eine Ur-Wahrheit über jenen Hass: Immer wird den Juden vorgehalten, nicht wie die anderen zu sein, nicht den lateinischen *gentilis* anzugehören, also der Familie, dem Volk oder dem vertrauten Geschlecht, und eine ebenso unlösbare wie bedrohliche Fremdheit zu verkörpern. »Die sind anders als wir«, hört man oft über sie, und dieses Anderssein wirkt verstörend oder abstoßend. Dabei ist der Judenhass keine bloße Fremdenfeindlichkeit oder ein klassisches Ressentiment gegen alles Andersartige.

Es gibt einen grundlegenden Unterschied zwischen Antisemitismus und anderen Rassismen. Letztere hassen den anderen im Allgemeinen für das, was er nicht hat: die gleiche Hautfarbe, die gleichen Bräuche, die gleichen kulturellen Referenzen oder die gleiche Sprache. Sein »nicht-wie-ich«

---

* In diesem Buch wird in der Regel das generische Maskulinum verwendet, mit dem gleichermaßen Frauen wie Männer bezeichnet sind. Die Verwendungsweise rekurriert insbesondere auf die Figur des Juden, anhand derer antisemitisches Denken untersucht wird, und verdeutlicht außerdem die paradoxe misogyne Tendenz des Antisemitismus.

erscheint dem Rassisten als ein »weniger-als-ich«, und so wird der andere rasch als unfertig oder minderwertig abgestempelt. Ein Barbar im Sinne der Griechen, ein Mensch, der auf primitive und lächerliche Weise zu stottern scheint, bar... bar... Man müsste nur dessen Hautfarbe ändern und seinen Akzent tilgen, damit der Hass sich verflüchtigt oder abklingt.

Die Juden hingegen werden meist für das gehasst, was sie *haben*, nicht für das, was sie *nicht haben*. Wir werfen ihnen nicht vor, weniger als wir zu haben, sondern im Gegenteil, etwas zu besitzen, was eigentlich uns zufallen sollte und was sie offenbar unrechtmäßig an sich gebracht haben. Wir werfen ihnen vor, Macht, Geld, Privilegien oder Ehrungen zu beanspruchen, die uns selbst verwehrt bleiben.

Folglich denken wir uns die Juden im Besitz eines »Mehr«, um das wir betrogen werden. Im Laufe der Geschichte sind sie häufig als Unruhestifter beschrieben worden, die das Gemeingut so unterschlagen, an sich reißen oder vergiften, dass eine gleichberechtigte (Um-)Verteilung oder gerechte Aufteilung verhindert wird. Ein Jude kann die gleiche Sprache sprechen oder in den gleichen Stadtvierteln wohnen wie ein Nichtjude, und doch wirkt es so, als täte er es immer ein bisschen »mehr«, mit größerer Überheblichkeit oder Leichtigkeit – zumindest in den Augen seiner Feinde. Keine Veränderung seines Verhaltens würde diesen Groll oder Neid mildern können. Die Juden verkörpern in jeder Lebenslage etwas Überschüssiges: Etwas an ihnen ist zu viel, mehr als nötig oder »mehr, als ich selbst habe«.

Da wäre zunächst ihre Langlebigkeit. Die Juden sind nicht kleinzukriegen; es ist zum Verzweifeln. Sie wehren sich hartnäckig gegen den eigenen Untergang – und diese Ausdauer ist eine unerträgliche Frechheit. Können sie nicht einfach sterben wie alle anderen? Untergehen, so wie bisher noch jede zivilisierte Kultur? Irgendwann wird ihre Beharrlichkeit nervtötend. Ja, sogar ihr Leid ist unverwüstlich! Wenn sie, schwer getroffen, wieder aufstehen, rufen sie es ihrem Henker in Erinnerung und zwingen ihn, sie noch mehr dafür zu hassen, schwerer als er selbst gelitten zu haben. Sogar hier verfügen sie über ein »Mehr«, das uns etwas vorenthält: in jenem Überschuss an sichtbarem Leid, das uns die Frage aufdrängt, weshalb nicht auch wir die Ehre einer tränenreichen Vergangenheit gehabt haben. Deshalb tun wir uns so schwer, ihnen das Unrecht zu verzeihen, das wir ihnen angetan haben. Ihr Leid hat etwas Überschüssiges und damit Unerhörtes. Ihre Vorgeschichte als Opfer oder Diskriminierte, die sich eigentlich doch wie eine Subtraktion, ein »Weniger als ich« äußern müsste, wirkt paradoxerweise wie ein »Mehr«, wie ein beneidenswerter Vorteil.

Dazu kommt eine weitere Eigenart des Judenhasses: die Tatsache, parallel mit zwei gegensätzlichen Vorwürfen konfrontiert zu werden. Im Laufe der Geschichte hinderte den antisemitischen Diskurs nichts daran, die Juden zugleich einer Anklage und ihrem exakten Gegenteil zu unterziehen. So wurde ihnen abwechselnd vorgeworfen, zu reich zu sein oder aber der Nation auf der Tasche zu liegen.

Die Juden wurden als zu revolutionär oder aber als zu bürgerlich kritisiert; als Bedrohung des Systems oder genau umgekehrt als dessen Verkörperung. Es wurde ihnen vorgeworfen, nicht an Jesus zu glauben oder ihn kühn erfunden zu haben; ihr wahres Gesicht zu verbergen oder zu stark aufzufallen; sich bis zur Unkenntlichkeit unter die Nation zu mischen oder aber endogam zu leben und das Unter-sich-Bleiben zu kultivieren. Mit anderen Worten: Die Juden sind immer ein bisschen zu ähnlich und immer ein bisschen zu anders. Sie sind so unverfroren, sich stets assimilieren zu wollen oder aber woanders ihre Souveränität einzufordern; nicht gehen oder nicht bleiben zu wollen.

Der Antisemit behauptet, den Juden zwangsläufig schon von weitem zu erkennen. Praktisch im Schlaf könne er ihn an seinen Gesten, an seiner Nase, an den Haaren, an der Stimme oder an seinen Bewegungen unterscheiden. Warum aber verwendet er dann so viel Zeit darauf, ihn zu verfolgen, als ob sich seine unsichtbare Spur irgendwo im Dunkeln verlöre? Bis Google 2012 in Frankreich verklagt wurde, musste man nur den Namen einer bekannten Persönlichkeit in die Suchmaschine eingeben, damit einem automatisch das Schlagwort *Jude* angeboten wurde: François Hollande Jude … George Clooney Jude … Und was ist mit dem Weihnachtsmann?

Dabei zeugte das magische Aufblitzen des Wörtchens Jude in der Suchleiste lediglich von der Effizienz eines Algorithmus, der die häufigsten Suchanfragen von Internetnutzern registriert, und enthüllte so deren obsessives Anliegen: das zwanghafte Aufspüren des Juden, der möglicherweise in jeder Berühmtheit oder allen Mächtigen dieser Welt schlummert und den das Internet dem tapferen Nutzer endlich preisgeben würde. Suchen wir nach dem Juden. Womöglich steckt er ganz in der Nähe, in unserem Büro, in unserem Viertel oder in unserem Bücherregal.

On nous cache tout, on nous dit rien.

Uns wird nichts gezeigt, uns wird nichts gesagt.

KAPITEL 1

ANTISEMITISMUS ALS FAMILIENRIVALITÄT

Von Epoche zu Epoche reproduzieren sich in erstaunlich unterschiedlichen Zusammenhängen einige Leitmotive des antijüdischen Furors, wie das sogenannte Ur-Übel oder das widerwärtige Stottern der Geschichte.

Unzählige Historiker, Soziologen, Theologen und Psychologen haben die Ursprünge der antisemitischen Geißel analysiert und versucht, die politischen, ökonomischen, gesellschaftlichen oder religiösen Hintergründe ihres Erscheinens oder Wiederauflebens zu verstehen. Nicht ganz so zahlreich sind diejenigen, die sich mit der jüdischen Literatur zur Erforschung dieses Phänomens beschäftigt haben.

Eigentlich sollte es nicht die Aufgabe eines Opfers von Gewalt oder Diskriminierung sein, die Auslöser für den erfahrenen Hass erklären und die Beweggründe des Henkers sondieren zu müssen. Muss man an eine solche Selbstverständlichkeit überhaupt erinnern? Antisemitismus ist nicht »das Problem der Juden«, sondern in erster Linie das der Antisemiten und derer, die ihnen das Wort reden. Warum also sollten die Exegeten der jüdischen Quellen über einen besonderen Schlüssel zum Verständnis dieses Hasses verfügen?

Tatsächlich bietet die Auslegung des Antisemitismus durch das Judentum eine bisher unbekannte Perspektive: den subjektiven Standpunkt derjenigen, die antisemitische Erfahrungen im Hinblick auf ihr mögliches Wiederaufleben und die entsprechenden Umgangsstrategien vorsorglich an die nachfolgenden Generationen weitergeben. Die Auslegung der Rabbiner ist nicht nur ein Raster für das, was den Juden zu einem bestimmten Zeitpunkt ihrer Geschichte widerfahren ist, keine bloße Schilderung vergangenen Leids, sondern eine Reflexion über den Ursprung des Phänomens und die Überwindung seiner Folgen für die betroffene Gruppe. Die Rabbinische Literatur möchte die Juden angesichts der möglichen Zukunft zu Akteuren ihrer eigenen Geschichte machen. Außerdem bietet sie eine originelle Lesart von der Psyche des Unterdrückers aus der Perspektive des schutzbedürftigen Verletzlichen. Die Rabbinische Literatur legt weder das Opfer auf sein Leid noch – und das ist sehr viel überraschender – den Henker auf seinen Hass fest, und genau diese Verweigerung der Schicksalhaftigkeit sollten wir uns auch für die heutige Zeit zunutze machen.

Wie deuten die Gelehrten und die traditionellen Texte den gegen sie gerichteten Zorn, der bei ihrem Gegenüber chronische Ausmaße annimmt? Gibt es so etwas wie eine genuin jüdische Reflexion über den Antisemitismus?

Diesen Fragen werden wir in dem vorliegenden Buch nachgehen und uns dafür mit literarischen Quellen beschäftigen. Auch wenn es sich um einen Anachronismus handelt, weil die Rabbinische Literatur fast zwei Jahrtausende älter ist als der im 19. Jahrhundert in Deutschland geprägte Begriff, werde ich den Judenhass im Folgenden als Antisemitismus bezeichnen.

DIE JÜDISCHE NICHT-IDENTITÄT

Wo finden sich Anhaltspunkte für einen aufkeimenden antisemitischen Hass in den Texten der jüdischen Tradition? In der Thora, von den Christen Altes Testament genannt, werden keine Ressentiments gegen die Juden erwähnt, und zwar aus dem einfachen Grund, weil gar keine Juden erwähnt werden. Das Volk, von dem die Thora erzählt, nennt sich zu diesem Zeitpunkt hebräisches Volk oder Kinder Israels. Später in der Geschichte sollten sich die Juden auf genau diese beiden Identitäten berufen.

Analysieren wir vorab kurz die Begrifflichkeiten dieser jüdischen Proto-Identität.

Der allererste Hebräer namens Abraham wird in der Stadt Ur geboren, im Land der Chaldäer. Er kommt demnach nicht als Hebräer in seinem Ursprungsland zur Welt, sondern erwirbt sich diese Identität erst, als er der Aufforderung Gottes folgt, das Land seines Vaters und seinen Geburtsort zu verlassen: »Der Herr sprach zu Abram: Geh fort aus deinem Land, aus deiner Verwandtschaft und aus deinem Vaterhaus in das

Land, das ich dir zeigen werde.« (Genesis 12:1) Er durchquert einen Fluss, der ihm die Richtung in ein gelobtes Land weist, dessen Namen Kanaa er noch nicht kennt.

In der Sprache der Bibel ist der Hebräer (*Ivri*) wörtlich derjenige, der überquert, der Überquerende. Weil er die Welt seiner Kindheit und seiner Herkunft verlassen hat, nimmt Abraham einen Namen an, der sich auf sein Handeln bezieht, den Namen der Überquerung.

Die hebräische Identität, die sich mit ihm ausbildet, ist folglich mit dem Losreißen aus dem Land der Geburt verknüpft. Sie hat keine eigene Herkunft, keinen Anfang. Ein Ägypter kommt aus Ägypten und ein Grieche aus Griechenland, ein Hebräer aber hat kein namensgebendes Ursprungsland. Sein Name verweist nicht auf die Herkunft, sondern auf den Bruch mit der Herkunft.

So entsteht eine subtile Zweideutigkeit in der Definition der hebräischen und später jüdischen Identität: Der Hebräer ist nicht derjenige, der einem Ort entstammt, sondern derjenige, der seinen Geburtsort hinter sich lässt. Sein Name bezeichnet eine geografische oder geistige Abkoppelung. Odysseus stammt aus Ithaka und sehnt sich nach Heimkehr. Abraham hingegen stammt aus Ur und unternimmt alles in seiner Macht Stehende, um nie wieder zurückzukehren.

Die hebräische Identität interpretiert also ihren Ursprung im Aufgeþen dieser Identität, sprich: Sie entwickelt ihre Identität aus der Nicht-Identität mit ihrem Herkunftsort. Das Gelobte Land ist das »Begehren eines Landes, in dem wir nicht geboren worden sind«[1], ein Bestimmungsort, der niemals Rückkehr zum Ursprung oder zum Gleichen ist.

Am Anfang steht der Bruch. Diese Idee ist in der unmöglichen Definition des Judentums zentral. Besonders treffend spiegelt sie sich in der Formulierung, mit der Jacques Derrida sein Selbstverständnis des Judentums umschreibt: »Jude wäre ein anderer Name für die Unmöglichkeit, ein Selbst zu sein.«[2]

Lange nach Abrahams Auswanderung aus Mesopotamien wird das hebräische Volk das abrahamitische Losreißen mit dem kollektiven Auszug aus Ägypten nachspielen, einem Schlüsselmoment seiner Geschichte.

Während Chaldäa Abrahams Vaterland ist, steht die Nilmündung in der Thora für die Gebärmutter des Volkes. Hier vermehrt sich der Legende zufolge Jakobs Samen, bis sich die ägyptische Gebärmutter öffnet.

Die zehn Plagen, die von den Exegeten mit Gebärschmerzen verglichen wurden, lösen die Befreiung aus. Nun teilt sich das Meer, das Volk verlässt sein Land – »Mutter der Welt« – *Om El Donya*, wie es heute auf Arabisch heißt, und empfängt die Weisung, niemals zurückzukehren. Es macht sich auf den Weg ins Gelobte Land.

Das hebräische Volk wird also in Ägypten geboren, und abermals ist das Gründungselement seiner kollektiven Identität ein Aufbruch, ein Losreißen, das es in einer Nicht-Identität mit dem Ort seiner Geburt existieren lässt.

Die andere biblische Bezeichnung für das hebräische Volk, das Volk Israels, verweist auf eine erstaunlich ähnliche Geschichte. Der Name Israel taucht in der Schrift im Zusammenhang mit einem weiteren Identitätsbruch auf: Das Buch Genesis erzählt die Geschichte von Abrahams Enkel Jakob, der unterwegs die Nacht am Ufer eines Flusses verbringt, den er überqueren muss. Im Dunkeln ringt er mit einem geheimnisvollen Abgesandten, Mensch oder Engel, der ihm eine Verletzung an der Hüfte zufügt und ihm im Morgengrauen einen merkwürdigen Segen erteilt: »Du sollst nicht mehr Jakob heißen, sondern Israel.« (Genesis 32:29)

Dieser in einem Ringkampf erworbene und an Jakobs Nachfahren weitergegebene Name ist folglich kein Herkunftsname, sondern eine kämpfend errungene Identität, die den Preis einer Verletzung am Hüftgelenk fordert und damit ein ewiges Hinken in Kauf nimmt.

Jakob/Israel, seiner Geburtsidentität entrissen, weiß, dass er nie wieder stabil auf beiden Beinen oder »mit beiden Beinen im Leben« stehen wird. Nur im Hin-und-her-Schwingen, in der permanenten Bewegung kann er sich annähernd aufrecht halten. Künftig wird er mal hier, mal dort sein, zwischen zwei Zuständen schwankend, wobei allein das Hin-und-her-Schwingen sein Gleichgewicht garantiert. Stets in Bewegung, ist er dazu verdammt, zu werden, um zu sein, und nur im Werden sein zu können.

Die Thora erzählt also die Geschichte der Hebräer und der Söhne Israels als deren Hinauswandern aus der Geografie ihrer Geburt in ein Gelobtes Land, das sie im Laufe des Berichts nie erreichen, aber bis zur letzten Zeile zum Ziel haben.

Von Juden hingegen ist nie die Rede. Zumindest nicht im Sinne einer kollektiven Religionszugehörigkeit, unter der wir sie heute subsumieren. In der Thora beschreibt die hebräische Wurzel des Wortes Jude, *Yehudi* auf Hebräisch, zunächst den Stamm Juda (die Judäer) oder dessen Territorium (Judäa), nie aber die religiöse Identität eines ganzen Volks.

Erst viel später ist in der Bibel von einem Juden die Rede: in einem anderen Buch, in einer anderen Zeit und in ganz anderen Gefilden. Um diesem Juden zu begegnen, müssen wir uns mit dem Buch Ester befassen.

DA WO EIN JUDE IST …

Die Geschichte spielt im Königreich eines Herrschers namens Ahasveros, der über ein ausgedehntes Gebiet des Perserreichs regiert. Unter dem Einfluss seines Hofstaats verstößt der König eines Tages seine Frau Waschti und sucht nach einer neuen, gefügigeren Königin. Damit beginnt der größte Schönheitswettbewerb der Bibel, bei dem die jugendliche Ester siegt, über die der König kaum etwas weiß. Darauf verweist auch ihr Name im Hebräischen: die Verborgene, die Geheimnisvolle. Vor allem weiß Ahasveros nicht, dass Ester zur Diaspora der Kinder Israels gehört, die nach der Zerstörung des ersten Tempels im Exil lebten. Ebenso wenig weiß er, dass sie die Nichte (oder manchen politisch weniger korrekten rabbinischen Legenden zufolge: die Frau) eines gewissen Mordechai ist, über den es in der Bibel heißt: »Mordechai, Sohn des Jaïr, Sohn des Shimi, Sohn des Kich, der Benjaminite.« (Ester 2:5)

Die Ahnenreihe Mordechais weist ihn als Nachkommen des hebräischen Stammes Benjamin aus. Doch obwohl Mordechai dem Stamm Benjamin (und nicht dem Stamm Juda) angehört, wird er in der Bibel stets *Yehudi* genannt. Zum ersten Mal in der biblischen Literatur trägt jemand diesen Namen ohne Rückbezug auf einen geografischen Ursprung, eine Provinz oder einen Stamm, sondern im Sinne einer anderen Zugehörigkeit. Plötzlich bezeichnet das Wort eine kollektive Identität, eine Gruppenzugehörigkeit, ein Volk. Mordechai ist insofern der erste Jude der Geschichte.

Irgendwo im persischen Exil entsteht also die jüdische Identität, so wie wir sie heute – als die einer Religionsgemeinschaft oder eines versprengten Volks – verstehen. Das Judentum ist in der Bibel die Folge des Exils, das Los derer, die ihrem Ursprungsland entrissen worden sind.

Mit Ester bekommt Ahasveros' Hof eine Königin, über die der König nichts weiß. Doch kaum hat der Jude – hier in der Frauengestalt Ester – den Palast betreten, taucht in der Erzählung ein anderes, für die Handlung ebenso wesentliches Element auf: ihr Gegenspieler.

Der Bösewicht im Buch Ester heißt Haman, Sohn Hammedatas, der unter Ahasveros zum höchsten Regierungsbeamten aufgestiegen ist. Damit hat auch der Hass Einzug gehalten. Aus einem undurchsichtigen Grund, über den die Exegeten diverse Mutmaßungen anstellen, ist Mordechai Haman ein Dorn im Auge. Eifersucht, eine Abrechnung? Wie dem auch sei, Haman hasst ihn so, dass er die Vernichtung seines ganzen Volkes anzettelt und sich von Ahasveros die Ausführung dieses Völkermords übertragen lässt.

Der abscheuliche Haman erwirkt eine Privataudienz bei seinem König und erklärt:

»Es gibt ein Volk, das lebt verstreut und abgesondert unter allen Völkern in allen Provinzen deines Königreichs, und ihre Gesetze sind anders als die aller Völker, und sie befolgen die Gesetze des Königs nicht, sodass es dem König nicht geziemt, sie gewähren zu lassen!« (Ester, 3:8) In anderen Worten: Für den König ist es nicht das Gleiche, wenn sie bleiben.

In einem einzigen Vers bietet Haman dem Leser eine perfekte Zusammenfassung, eine zeitlose Illustrierung der im Verlauf der Geschichte gegen die Juden erhobenen Anklagen: ein Volk, zugleich verstreut und abgesondert, das mitten unter den anderen lebt, ohne sich mit ihnen vermischen zu wollen; das weder genau zu unterscheiden noch integrierbar ist. Ihr Partikularismus wird als Bedrohung für die Integrität der Nation oder die politische Macht empfunden, da sie die rigorose Gleichheit zwischen den Elementen einer unterschiedslosen Nation gefährden. Künftig lastet auf ihnen der Verdacht mangelnder Ergebenheit, der auf lange Sicht die Vertreibung oder physische Vernichtung der Juden rechtfertigt.

Just in dem Moment, als der erste Jude in der Bibel erscheint, tritt auch ein irritierender literarischer Zwilling als Gegenspieler auf den Plan. Das Duo Mordechai/Haman scheint von Beginn an die folgende Gesetzmäßigkeit zu besiegeln: Da wo ein Jude ist, ist auch der Antisemit nicht weit.

AMALEK: THIS IS HAMAN'S WORLD

Doch woher stammt dieser Feind der Juden im Buch Ester? Wie erklärt sich sein Hass? Für die Exegeten hat die Geschichte nicht erst dort begonnen, sondern schon in einer früheren Erzählung; und so begeben sie sich in ihren Nachforschungen auf die Spuren des Juden und seines legendären Gegenspielers. Verfolgen wir also kurz den antisemitischen Hass über die biblischen Generationen zurück:

Mordechai ist ein Abkömmling des Kisch, des Vaters des Saul, dem ersten König der Israeliten (Samuel, 9:1).

Haman wiederum stammt angeblich (Ester, 3:1) von einem Mann namens Agag ab, König der Amalekiter und Erzfeind von König Saul während dessen Regierungszeit. Mordechai und Haman führen insofern eine von den Vorfahren begonnene Auseinandersetzung fort. Auf ihre Weise spielen sie den Krieg nach, in dem sich sehr viel früher Agag und Saul gegenüberstanden.

Doch noch ist die genealogische Spurensuche nicht abgeschlossen. Agag steht dem Volk der Amalekiter vor und stammt von einer biblischen Figur namens Amalek ab. Damit verkompliziert sich die Lage.

Den Schriften nach ist Amalek bereits zu einem früheren Zeitpunkt in einen Krieg gegen die Hebräer verwickelt. Im Deuteronomium, dem 5. Buch Mose, wird das Volk Israels gemahnt:

Denk daran, was Amalek dir unterwegs angetan hat, als ihr aus Ägypten zogt: wie er unterwegs auf dich stieß und, als du müde und matt warst, ohne jede Gottesfurcht alle erschöpften Nachzügler von hinten niedermachte ... lösche die Erinnerung an Amalek unter dem Himmel aus! Du sollst nicht vergessen! (Deuteronomium, 25:17–19)

Unmittelbar nach dem Auszug aus Ägypten hatte Amalek die Hebräer in der Wüste überfallen und dabei vor allem die Schwächsten angegriffen. Er versuchte, das kaum der Sklaverei entronnene und auf diesen Kampf völlig unvorbereitete Volk zu vernichten.

Die Erinnerung an den hinterhältigen Überfall sollte über Generationen überliefert werden und warnend in der Bibel nachklingen: »Denk daran, die Erinnerung an Amalek zu löschen.« Eine merkwürdige Weisung: Wie soll man daran denken, eine Erinnerung zu löschen? Kann man sich überhaupt daran erinnern, gedächtnislos zu sein?

Seit dieser Begebenheit ist der Name Amalek quer durch die Geschichte mit Antisemitismus assoziiert. Amalek ist letztlich ein Deckname, den die Exegeten den erbittertsten Feinden des jüdischen Volkes geben: ob Kreuzfahrer oder Inquisitoren, ob blutrünstige Mörder der europäischen Pogrome oder Nazis – sie alle wurden irgendwann von den zeitgenössischen Rabbinern als Reinkarnation Amaleks begriffen, als Nachkommen jener biblischen Schreckensgestalt.

In (fast) jeder Epoche gebe es einen Nachfahren dieser Figur, einen archetypischen Mörder, der vom Hass gegen die Juden verzehrt werde und entschlossen sei, sie zu vernichten. Diese archetypische Lesart des Antisemitismus erzählt die verhängnisvolle Bedrohung über die Zeiten hinweg als Stottern der Geschichte und Reinkarnation des Hasses.

Der Deckname Amalek steht in direkter Beziehung zur Abstammung Hamans, so als würde er in jener persischen Begebenheit reaktiviert. Haman ist der Erbe eines uralten Hasses, und das Buch Ester erzählt von einem Konflikt und einer Gewalt, die woanders wurzeln. Hamans Zorn verweist auf Agags Zorn. Und Agags Hass verweist auf Amaleks. Doch worauf verweist Amaleks Raserei? Die Rabbiner müssen ihre Nachforschungen noch weiter ausdehnen.

Die Exegeten verfolgen also die Generationen zurück und gehen der Frage nach, wer Amaleks Eltern gewesen sind. Die Antwort findet sich in der Genesis, wo die Abstammung Esaus, Zwillingsbruder von Jakob, erläutert wird. Esau ist der Vater von Elifas. Über dessen Nebenfrau Timna heißt es: »die gebar ihm Amalek« (Genesis, 36:12).

Amalek ist demnach der Enkel Esaus und der Sohn von Elifas und Timna. Dem erfahrenen Bibelleser wird allerdings eine Besonderheit auffallen, da an dieser Stelle gleichzeitig der Name der Mutter, Timna, und ihr Rang als Nebenfrau erwähnt werden. Meist kommen die Frauen mit Ausnahme einzelner Hauptfrauen in den biblischen Stammbäumen nicht vor. Die Nebenfrauen bleiben in der patriarchalischen Erzählung ausgespart. Timna hingegen glänzt durch ihre Anwesenheit: Sie erscheint nicht nur in der Genesis, sondern auch im Buch der Chronik, in dem die zentralen Abstammungslinien der Genesis noch einmal rekapituliert werden.

Doch aufgepasst: Hier wird das Verhältnis von Amalek zu Timna anders erzählt! Zu den Nachfahren des Elifas heißt es nun: »Die Söhne des Elifas waren: Teman, Omar, Zefo, Gatam, Kenas, Timna und Amalek.« (Buch der Chronik, I:1, 36)

In der Genesis ist Timna also Amaleks Mutter, im Buch der Chronik seine Schwester. Für die Rabbinische Literatur besteht kein Zweifel daran, dass sie beides gleichzeitig ist. Elifas habe die eigene Tochter zu seiner Nebenfrau gemacht und

Amalek sei nichts anderes als die Frucht dieser inzestuösen Beziehung.³

ANTISEMITOLOGIE

Ausgehend von dieser transgressiven Abstammung, folgert die Rabbinische Literatur in den ersten Jahrhunderten unserer Zeitrechnung: »Diese Nachkommenschaft ist bis auf heute beschädigt« (Midrasch Tanchuma). So als würde der moralische und sexuelle Fehltritt des Stammes von Esau, Amaleks Vater, als Fluch auf der ganzen Familie lasten und auch sämtliche Nachkommen moralisch in Mitleidenschaft ziehen. Natürlich deuten die Rabbiner diesen Ansatz allegorisch: Der Antisemitismus sei keine Erbkrankheit nach unserem heutigen Verständnis. Sie übertragen jedoch die Idee der genetischen Vererbung auf die transgenerationelle Weitergabe des Hassgefühls. In manchen Familien werde eine Art Ursprungstransgression überliefert, von der man sich nicht befreien könne, ohne sich mit ihr auseinandergesetzt zu haben.

Das hasserfüllte Stottern der Geschichte, von Amalek verkörpert, der zu einer generationenübergreifenden Reinkarnation fähig ist, wird von den Rabbinern als Metapher einer transgenerationellen Erblast gedeutet. Die Rabbinische Literatur analysiert die Wurzeln dieser Gewalt durch das Prisma des verletzten Inzest-Tabus. Sie geht der Frage nach, ob dieser Hass möglicherweise von der unbewussten Weitergabe eines

Abstammungstraumas erzählt, das verhindert, die angeschlagene Nachkommenschaft erneut zum Blühen zu bringen. Dieser schematischen, grotesken Vorstellung nach wäre der Antisemitismus also die Geschichte von Erbgeschädigten, die Nachwehe einer sexuellen Transgression, die psychoseartig ihren Hass gegen die Juden auslebt.

Weshalb die Juden? Vielleicht weil sie in den Augen ihrer Gegner oft als Repräsentanten des Gesetzes gelten, weil sie für den Ursprung des Verbots und die Macht der Fremdbestimmtheit stehen. Irgendwann hat dieses Volk, das der Welt sein Gesetz gegeben hat, es selbst verkörpert und all denen, die sich der Transgression in den Tiefen ihrer Familiengeschichte nicht entziehen können, in Erinnerung gerufen.

Während Amaleks Hass in einer gewaltgeprägten Abstammung wurzelt, erinnern die Juden als symbolische Gesetzesvertreter permanent an dieses Vergehen. Sie stehen für das, was vergessen oder ausgelöscht werden sollte.

Oder etwa doch nicht?

Parallel dazu zeigt die Rabbinische Literatur weitere irritierende Ansätze auf, als wüsste sie, dass eine einzige Lesart nicht alles erfassen kann. Sie fragt, ob Timna nicht auch etwas anderes zugestoßen sein könnte? Ob Amaleks Geschichte nicht vielleicht eine andere sei? Ein Auszug aus dem Babylonischen Talmud (Sanhedrin 99b), der sich abermals mit der Identität der geheimnisvollen Nebenfrau befasst, legt diese Interpretation nahe.

TIMNA: DIE VERDRÄNGUNG
DES URSPRUNGS

Wer genau war Timna, die biologische Keimzelle der Figur des Bösen? War sie Amaleks Schwester oder doch seine Mutter? War sie, von ihrem Vater missbraucht, ein Inzest-Opfer, wie die Legende mutmaßt? Der Babylonische Talmud wartet mit einer anderen Hypothese auf.

Jenem Szenario nach war Timna eine hochgestellte Persönlichkeit aus der Region Seïr, eine junge Fürstin. Da sie sich den hebräischen Urvätern Abraham, Isaak und Jakob nahe fühlte, soll sie sie aufgesucht haben, um ihrem Glauben beizutreten. Das rabbinische Gericht der drei Patriarchen habe ihr Ansinnen jedoch abgelehnt, weil Timna ihnen nicht selbstlos genug erschienen sei. Aus Verzweiflung sei Timna daraufhin die Nebenfrau von Esaus Sohn Elifas geworden und habe Amalek geboren.

Die Rabbiner des Talmuds interpretieren Timnas Geschichte auf ebenso gewagte wie anachronistische Weise. Natürlich gab es in biblischer Zeit weder Bekehrungen zum Judentum noch rabbinische Gerichte, so wie sie Jahrhunderte später zum Zeitpunkt der Niederschrift des Talmuds bekannt waren. Doch die Rabbiner der Antike sehen Timna als eine Bewerberin, die auch sie möglicherweise abgewiesen hätten. Da sie nicht dem hebräischen Volk und den Söhnen Jakobs angehören kann, sucht sie die Nähe von Esaus Nachfahren und bringt Amalek zur Welt, ein Kind der Ablehnung, einen aus Ächtung und Enttäuschung geborenen Sohn, auf den sich ihr Schmerz überträgt. Der Talmud zieht eine dementsprechend bittere Schlussfolgerung: »Die Patriarchen hätten sie nie zurückweisen dürfen.«[4]

In dieser Passage des Talmuds verfolgen die Rabbiner einen unbequemen Ansatz, der einen neuen Ursprung des Judenhasses aufzeigt: den Groll und die Enttäuschung der Fremden, die nicht in die Familie aufgenommen, sondern zurückgewiesen wurde. Nach Auslegung der Rabbiner haben sich die bereits von dumpfem Hass geprägte Verbitterung der Mutter, ihr unerfüllter Traum und ihre Frustration auf Amalek übertragen. Folglich stellen sie sich die Frage nach der eigenen Verantwortung: Wie viel Leid hätte vermieden werden können, wenn wir Timna akzeptiert und sie in die Familie aufgenommen hätten? Hätten wir möglicherweise Amaleks Geburt verhindern können?

Diese Lesart ist insofern unbequem, als sie einen Teil der Verantwortung und der Verfehlung den Juden selbst zuschreibt. Sie legt zumindest die Deutung nahe, dass die nachfolgenden Generationen ihre Opfer für die Unbeugsamkeit der Vorfahren und deren Unvermögen, die Türen des Hauses Israel zu öffnen, fordern würden. In der Tat keine angenehme Hypothese: Ist der Antisemitismus der Preis, den die Juden für ihren mangelnden Bekehrungseifer zahlen?

Oder sollte man die Legende doch anders verstehen, nämlich als eine von den Rabbinern aufgezeigte Alternativmöglichkeit? Der Hass des Antisemiten ist nicht mehr einfach das

Ergebnis einer familiären Vorbelastung oder einer fragwürdigen Nachkommenschaft, wie in der Midrasch Tanchuma vermutet. Er erklärt sich vielmehr aus einer Geschichte von Neid, Eifersucht und Verdrängung, aus dem enttäuschten Verlangen, einer Familie anzugehören, die nicht darauf bedacht ist, sich zu vergrößern. Demnach entspräche der Judenhass dem Groll des Außenseiters auf ein Volk, das ostentativ sein Zugehörigkeitsgefühl betont. »Warum darf ich mich Euch nicht anschließen?«, murmelt Timna. Das verdrängte Wort sowie die Unfähigkeit, sich von dieser Zurückweisung und Demütigung zu erholen, bilden die idealen Voraussetzungen für den aufkeimenden Hass.

So wird Amalek geboren, dessen Name auf Hebräisch wörtlich »derjenige, der kein Volk hat« bedeutet. Der Name seiner Mutter Timna wiederum steht für die Zurückgewiesene, die Verhinderte. Wie so oft in der Bibel künden die Namen vom Schicksal ihrer Träger.

Und wenn der Antisemitismus im Laufe der Geschichte auf eine verweigerte Zugehörigkeit, auf das frustrierte Bedürfnis, von einem anderen akzeptiert, geliebt oder anerkannt zu werden, zurückginge? Wenn der Hasserfüllte also danach strebte, dieses Gefühl des Ausgeschlossenseins abzuschütteln, und sich fragte: Weshalb kann der Jude sich *ab*gliedern, während mir wiederum die *An*gliederung verweigert wird?

Es erfordert einen gewissen Mut von den Rabbinern, ihrer eigenen Verantwortung auf den Grund zu gehen. Sie unterziehen sich einer eingehenden Selbstkritik, indem sie ihren von allem Bekehrungseifer freien Partikularismus hinterfragen: »Wir hätten Timna niemals abweisen dürfen.«

Inwiefern haben (falsch verstandenes) Auserwähltsein und mangelnder Bekehrungseifer den Hass genährt? Wie lässt sich die generationenübergreifende Weitergabe des Grolls stoppen?

Von Haman bis Amalek und von Amalek bis Timna häufen sich die Indizien, unsere Ermittlungen machen Fortschritte.

Den Rabbinern zufolge berufen sich alle Antisemiten auf vergangenes Leid oder können sich nicht von ihrer obsessiven Vergangenheit befreien, von dem ererbten Leid, für das zwangsläufig jemand zahlen muss. Während die Juden ihn daran erinnern, was er eigentlich hätte sein können oder sollen, spiegelt sich der Hass in der Schwierigkeit, diesen Schicksalsschlag zu überwinden, sich nicht nur als Kind eines Scheiterns, als Erbe von Opfern und mithin selbst als Opfer zu begreifen.

Heute, wo Opferrivalitäten grassieren, wo zahllose Individuen oder Gemeinschaften ihre Identität aus vergangenem Leid ableiten, müssen wir besonders sensibel auf das Amalek-Syndrom reagieren, das Individuen, Gruppen oder Nationen bedroht. Amalek erwacht, immer wenn der Groll der Vergangenheit herausgeschrien wird und uns weismachen will, dass die Erinnerung uns mehr Rechte als Pflichten einräumt.

Genau vor diesem Schrei warnt uns die Bibel mit der bereits zitierten Weisung: »Denk daran, was Amalek dir unterwegs angetan hat ... lösche die Erinnerung an Amalek unter

37

dem Himmel aus! Du sollst nicht vergessen!« (Deuteronomium 25:17–19)

Gibt es eine Möglichkeit, an etwas zu denken und gleichzeitig die Erinnerung zu löschen? Vielleicht beruht die psychische Widerstandsfähigkeit des Menschen ja genau auf diesem subtilen Gebot: Denk daran, was dir widerfahren ist, sichere dir die Erinnerung an die Vergangenheit, aber lass diese Vergangenheit nicht mit Amaleks Stimme in dir brüllen. Lass den Hass, der dich getroffen oder sich deiner bemächtigt hat, nicht dein zukünftiges Wesen bestimmen. Die Stimme unseres Erbes und vergangenen Leids darf nie zum Schweigen gebracht werden, aber sie soll auch nicht allen Raum in uns beanspruchen, als wäre sie der einzige Ausdruck unseres Seins.

ESAU: EIN »HAARIGER« TYP

Verfolgen wir die lange biblische Reise vom Persien Hamans bis zu Amaleks Kampf in der Wüste, führt uns die Spurensuche der Rabbiner noch etwas weiter.

So gelangen wir zu Amaleks Großvater Esau, der an der Geschichte und den Zwangsvorstellungen seiner Nachfahren nicht ganz unschuldig ist.

Sein komplexes Schicksal beginnt in den Tiefen des Mutterleibs, wo ein erster Kampf *in utero* ausgetragen wird. In Rebekkas Körper leben zwei Föten: »Und die Kinder stießen sich miteinander in ihrem Leib« (Genesis, 25:22). Wir haben es hier mit der ersten verhängnisvollen biblischen Schwangerschaft zu tun. Die Schwangere wendet sich an Gott und fragt: »Wenn es so ist, warum geschieht mir das?« (Genesis, 25:22) In diesen Worten kündigt sich die existenzielle Krise einer Frau an, die an der in ihrem Leib keimenden Auseinandersetzung leidet.

Jakob und Esau sind Zwillinge, aber schon lange vor der Geburt miteinander verfeindet. In der Rabbinischen Literatur sind sie vom Zeitpunkt der Zeugung an wie Katz und Maus. Die Legende schreibt ihnen erbitterte Kämpfe zu, territoriale und theologische Streitigkeiten, die sie angeblich schon im Mutterleib ausgetragen haben. Immer wenn Rebekka an einer Synagoge vorbeigegangen sei, soll Jakob in ihrem Bauch ungeduldig gestrampelt haben. Esau hingegen habe jedes Mal vor einem Götzentempel eine ähnliche Unruhe gezeigt (Genesis, Rabba 63:3)

Diese Beschreibung ist ebenso anachronistisch wie abwegig (zu biblischen Zeiten gab es weder Synagogen noch Ultraschallgeräte), veranschaulicht aber für die Rabbiner im Bezugssystem ihrer Epoche die Konfrontation zwischen den beiden Bruderwelten: Judentum und Götzendienst teilen sich dieselbe Fruchtblase.[5]

Ausgehend von dieser biblischen Episode wird Esau, der Zwillingsbruder, zu einer Figur des Judenhasses, zu einem feindlichen Prinzip, das sogar die Geburt des Volkes Israel begleitet, so als könnten die Juden und ihre Feinde nur gleichzeitig zur Welt kommen. Warum aber sollte der Hass der gleichen *matrix* entspringen wie sein Gegenstand? Weshalb sollte der Antisemitismus zur Familienangelegenheit erklärt werden?

Jakob und Esau teilen dasselbe Erbgut, eine gemeinsame Geschichte und Herkunft. Und genau um dieses Erbe werden sie ihr Leben lang streiten. Die Bibel berichtet in allen Einzelheiten von ihren Kämpfen um das Erstgeburtsrecht, von dem der väterliche Segen abhängt, als gäbe es in dieser Welt und in dieser Familie keinen Platz für zwei gleichwertige Segen.

Jakob entscheidet das Ringen für sich: Er erkauft sich mit dem berühmten Linsengericht Esaus Privileg und erschleicht sich den Segen des Vaters, indem er sich für seinen Bruder ausgibt. In ihrem ewigen Streit siegt die geistige List regelmäßig über die Körperkraft.

Letztere ist Esaus Spezialität. Die Bibel beschreibt ihn als kräftigen Jäger und, ein überraschendes Detail, als »ganz behaart wie ein Fell«, was ihn später der biblischen Region Seïr, wörtlich »die Erde des Behaarten« und Timnas Herkunftsland, zuordnet. Esau kommt mit einer starken Behaarung zur Welt, ein frühzeitiges Zeichen von Männlichkeit: schon bei der Geburt ein Pubertierender und noch vor der Jugend ein reifer Mann.

Jakob hingegen wird als unbehaart beschrieben, als Rebekkas Liebling, der gern bei der Mutter bleibt und im Zelt kocht.

Der Bruderzwist wird von Anfang an als Rivalität zwischen zwei Archetypen dargestellt, als eine Mischung aus Zivilisationskonflikt und Geschlechterkrieg. Einerseits Esaus Männlichkeit, andererseits die weiblichen Attribute Jakobs – damit ist der Geschlechterkrieg praktisch vorprogrammiert. Später zieht er sich leitmotivartig durch die antisemitische Rhetorik, die den Juden oft als weibisch beschreibt, als Wesen, das sich durch eine schwächelnde Männlichkeit oder eine weiblich konnotierte Hysterie auszeichne.

Esaus Welt ist eine fertige, gleichsam abgeschlossene (worauf im Hebräischen auch sein Vorname verweist). Seine bereits bei der Geburt sichtbare Pubertät steht beispielhaft dafür.

Seine Welt ist das genaue Gegenteil von der des kindlichen, unbehaarten Jakob. Auf Hebräisch heißt Jakob *Ja'akow*, eine im Futur konjugierte Verbform, die sich von *akeb* (Ferse) herleitet, da Jakob bei seiner Geburt Esaus Ferse gehalten haben soll. Jakob heißt also so viel wie »derjenige, der sich dem anderen an die Ferse heftet, der Nachfolgende«. Er ist der Unfertige, der noch nicht angekommen ist.

In der Fortsetzung der Geschichte erfahren wir, dass Jakob eines Tages den Namen Israel bekommen wird. Doch vorerst »ist er noch nicht«, er verkörpert ein potenzielles Sein, etwas Unvollkommenes, gewissermaßen ein Vielleicht. Der Kampf zwischen den Brüdern ist letztlich ein seit der gemeinsamen Geburt ausgefochtener Krieg zwischen dem Endlichen und dem Unendlichen. Esau möchte Jakob bezwingen: Die Welt der Endlichkeit will über das Vielleicht triumphieren. Mit Jakob und Esau prallen zwei Kulturen aufeinander, Ganzheit und Unendlichkeit.

Unterbrechen wir kurz unsere genealogischen Nachforschungen auf den Spuren des Ursprungshasses und sichten wir die zusammengetragenen Indizien. Der Antisemit taucht in der Bibel genau zeitgleich mit dem Juden auf; so als entstammte er derselben *matrix* oder demselben Vers. Und sofort wirft er dem anderen vor, sich von ihm zu lösen, sich zu unterscheiden.

Damit hat er insofern nicht unrecht, als die jüdische Identität immer an Ablösungsprozesse gebunden ist.

Zunächst einmal ist der Jude so dreist, sich von seiner Herkunft zu lösen und die Nicht-Identität mit seiner Geburt offen zu betonen. Unablässig webt er an einer Definition, die von seinem Aufbruch ins Anderswo und von mangelnder Selbstübereinstimmung erzählt. Diese Identität scheint sich permanent zu distanzieren, statt es wie alle machen zu wollen und mit der Gruppe oder der eigenen Herkunft »eins« zu werden.

Auch Haman drückt mit seinem Hass auf die Juden nichts anderes aus. Er fragt, weshalb sie »abgesondert« leben, denn solange sie hier sind, »gibt es für uns andere keine Ebenbürtigkeit«. Mit anderen Worten: Solange die Juden *ab*geteilt leben, bringen sie uns um unseren *An*teil. Solange sie sich dem Gemeinsamen entziehen, nehmen sie uns die Möglichkeit, ganz wir selbst zu sein, im Einklang mit der Nation oder unserer Identität zu leben.

Bereits Hamans Vorfahre Amalek hatte diese Worte übernommen, zusammen mit einem tief verwurzelten Schmerz, der dem mütterlichen Schoß entstammte. Je nach Legende das Kind eines Missbrauchs oder einer Verstoßenen, ist er unzweifelhaft der Erbe eines Leids, das sich in Hass verwandelt. Für ihn sind die Hebräer das Volk, das ihn daran hindert, dort, wo er hätte sein sollen, zu dem zu werden, der er hätte sein können. Folglich ist er seinem Namen nach ohne Volk, und diese Amputation verfolgt ihn so hartnäckig, dass er auf die Vernichtung all derer sinnt, die in seinen Augen jene Zugehörigkeit verkörpern.

Diese Erfahrung teilt er mit seinem Großvater Esau, der überzeugt ist, dass er um seinen Anteil gebracht worden sei und sein Bruder sein rechtmäßiges Erbe an sich gerissen habe. Seine Welt lechzt nach Endlich- und Vollständigkeit, während sein Bruder die unbegrenzte Möglichkeit des Werdens verkörpert, die Welt des Vielleicht. Wie soll er sich damit abfinden, dass sein Zwillingsbruder Jakob zwar dieselbe Herkunft hat, sie aber in ein Anderswo mitnimmt?

Wie weit die Nachforschungen der Rabbiner auch zurückreichen, sie verweisen alle auf die gleiche Situation: Immer speist sich der Judenhass in der Bibel aus einem schmerzlichen Verhältnis zur Herkunft, aus einem Erbe und einem altüberlieferten Groll. Immer ist er der Ausdruck einer Eifersucht innerhalb der Familie, einer Rivalität zwischen Brüdern oder Vettern, von der sich der Hasserfüllte nicht zu erholen vermag; der Ausdruck eines Neids, der dem anderen den Tod an den Hals wünscht.

Dieser Hass stellt stets die gleichen Fragen: Warum hat mein Bruder das, was mir selbst vorenthalten wird? Warum gebührt ihm das Erstgeburtsrecht, das aus mir den Zweiten, Benachteiligten macht? Ob dieses Missverhältnis letztlich nur auf Einbildung beruht oder nicht – stets verkörpert der Jude den Seinsmangel.

Indem der Antisemit sich einredet, dass der andere in einem unfertigen Sein oder noch im Werden begriffen ist, glaubt er, dass der Jude für immer »mehr« ist als er selbst. Wie soll er ertragen, dass er ihm gleichzeitig voran- und über ihn hinausgeht? Das ist entschieden zu viel …

KAPITEL 2

ANTISEMITISMUS
ALS ZIVILISATIONSKAMPF

Eines Tages erschien ein Jude vor Kaiser Hadrian. Der Jude verneigte sich. Der Kaiser fragte:

»Wer bist du?«, und der Mann erwiderte:

»Ein Jude.«

»Wie kannst du es wagen, das Wort an mich zu richten?«, brüllte der Kaiser und befahl, den Mann hängen zu lassen. Da kam ein zweiter Jude des Weges und verneigte sich nicht.

»Wer bist du?«, fragte der Kaiser.

»Ein Jude«, erwiderte der Mann.

»Wie kannst du es wagen, dich nicht zu verneigen?«, brüllte der Kaiser und befahl, den Mann hängen zu lassen.

Der Berater des Kaisers erkundigte sich:

»Nach welchem System verfahrt Ihr?«

Er entgegnete: »Willst du mir etwa erklären, wie ich meine Feinde loswerden soll?« (Midrasch Rabba 3:41)

Ohne Umschweife legt die Rabbinische Literatur die offensichtliche Absurdität und Irrationalität des Antisemitismus dar. Und beschreibt ihn zudem mit dem schwarzen Humor der Resignation.

Wenn der Judenhass keinerlei System zu haben scheint, ist

es womöglich also sinnlos oder gar unmoralisch, ihn erklären oder die Argumente seiner Vertreter analysieren zu wollen. Es sei denn, man stellt sich die Frage, was genau sich hinter dem Hass auf den Juden verbirgt und wofür diese Verachtung eigentlich steht. Welchen Feind will der Antisemit um jeden Preis loswerden?

EMPIRISCHE ERFAHRUNG

In der Rabbinischen Literatur der ersten Jahrhunderte repräsentiert das Römische Reich ein zentrales Motiv des Judenhasses. Das ist insofern kein Wunder, als die Juden zur Zeit der Abfassung des Talmuds unter römischer Herrschaft leben. Künftig stehen die Römer für das dominante Herrschaftssystem, das über Wohlergehen oder Untergang des Einzelnen entscheidet.

Besonders greifbar ist diese Wirklichkeit nach der Zerstörung des Jerusalemer Tempels im Jahr 70. Ihrer geografischen Souveränität beraubt, ohne zentrales Gotteshaus und Priestertum, avanciert das rabbinische Judentum zum exemplarischen Organisationsmodell der jüdischen Welt und dehnt sich in einem geradezu hegemonialen Ausmaß allmählich auf ein ganzes Volk aus. Dieses Modell stellte die Bibel in das Zentrum eines neuen Kultes, ihre Exegese wurde gleichermaßen zum Begegnungsort mit dem Göttlichen.

Nach der Zerstörung des Tempels wird über verschiedene

Möglichkeiten der Zusammenarbeit beraten; zugleich wird von heftigen Auseinandersetzungen mit der römischen Macht berichtet. Manche dieser Berichte sind unverkennbar fiktiv, andere beziehen sich auf reale Ereignisse. Zu den berühmtesten Erzählungen zählt der Kampf um Masada. Eine Gruppe jüdischer Rebellen, die in der judäischen Gebirgsfestung Masada Zuflucht gesucht hatten, leistete den römischen Legionen Widerstand. Nach einer mehrmonatigen Belagerung beschlossen die Rebellen im Jahr 73 n. Chr., den gemeinsamen Tod vorzuziehen, statt Masada den Römern in die Hände fallen zu lassen. Ihr Handeln sollte künftig den unbedingten Widerstandswillen der Juden verkörpern, die eher zum Selbstopfer als zu einem feigen Kompromiss mit dem Feind bereit waren.

Doch die Rabbiner der ersten Jahrhunderte, deren Auslegung wir das uns bekannte Judentum verdanken, distanzierten sich entschieden von dieser Erzählung und ihrer Ideologie. Sie sahen ihre Vorbilder nicht in einer unbezwingbaren Festung, sondern in anderen Helden der Talmudischen Literatur wie dem legendären geistigen Führer Jochanan ben Sakkai. Im belagerten Jerusalem um 70 n. Chr. ahnt er, dass der Tempel zerstört werden wird, und verlässt die Stadt. In einem Sarg, als vermeintlich Toter, lässt sich ben Sakkai von seinen Jüngern aus den Mauern der belagerten Davidstadt tragen.

Der Scheintote tritt nun vor den befehlshabenden Feldherrn der römischen Legionen Vespasian und bittet ihn um dessen Gunst: »Gib mir Jawne! Zerstöre es nicht und verschone seine Gelehrten«, fleht er und gründet daraufhin ein Lehrhaus sowie ein rabbinisches Gericht. Diese beiden Einrichtungen werden zum Aushängeschild des wiederauflebenden jüdischen Denkens. »Warum«, so fragt Elie Wiesel, »wollte er Jawne? Nicht um Jerusalem zu ersetzen, Jerusalem würde für immer unersetzlich bleiben, sondern um außerhalb Jerusalems von Jerusalem träumen zu können, um das Gesetz auf andere Weise als vorher zu leben, um zu leben oder wieder leben zu lernen in der Erwartung.«[6]

Natürlich handelt es sich bei dieser Geschichte um eine Legende. Die literarische Konstruktion symbolisiert jedoch letztlich ein Judentum, das aus seiner eigenen Asche aufersteht, ohne das Zerstörte ersetzen zu wollen. Mit dieser Leerstelle schafft es die Voraussetzungen für die religiöse Erwartung, das Herzstück des (neu) auflebenden rabbinischen Denkens.

Auf den ersten Blick scheinen die Zerstörung des Tempels und der Sarg von Jochanan ben Sakkai vom Ende des Judentums zu künden. In Wirklichkeit verstellt dieser Bericht den Blick auf die Wende, die das Judentum zu jenem Zeitpunkt der Geschichte nimmt: den Wandel von einer opferzentrierten Religion und einem geografisch fest verankerten Kult hin zur Thora als »tragbarem Vaterland« (Daniel Boyarin), zu Gelehrsamkeit und geduldiger Anpassung. Die Entscheidung für den politischen Kompromiss und die theologische Revolution fordert ihren Preis: die Angewiesenheit auf den Schutz der Machthaber. Die Rabbiner aus Jawne wissen nur zu gut, dass ihr religiöses Vorhaben vom guten Willen des Kaiserreichs abhängig ist. Diese Verbindung zu Rom und seinen Vertretern sollte künftig zu einem Hauptthema der Rabbinischen Literatur avancieren[7] und dem jüdischen Denken jahrhundertelang keine Ruhe mehr lassen: Stets bleibt das Überleben der Juden an die aktuellen Machthaber gebunden.

ESAUS HÄNDE UND DAS WIRKEN ROMS

Schon zu Beginn des 2. Jahrhunderts werden die Römer in der Rabbinischen Literatur als Kinder Esaus bezeichnet. Diese Bezeichnung gilt im Talmud auch als zweiter Name des Kaiserreichs.[8]

Indem sie ihre Unterdrücker als Reinkarnation Esaus sehen, scheinen die Rabbiner im 1. Jahrhundert in Judäa mit der jüdisch-römischen Auseinandersetzung die Legende um den Brudermord von Romulus und Remus nachzuspielen. Weshalb diese Entscheidung, die Verkörperung des Feindes in der Bibelgestalt des Zwillingsbruders zu verankern?

Vielleicht, um aus der Schrift bereits die spätere Befreiung herauszulesen: Dem biblischen Esau wird von seinem Vater zwar ein mächtiges Reich, aber auch der sichere Untergang vorausgesagt. Die Deutung der römischen Macht als Ergebnis einer biblischen Prophezeiung geht mit der Gewissheit ihres verheißenen Zusammenbruchs einher.

Oder hat diese literarische Analogie noch eine größere Reichweite? Indem das jüdische Volk vom Mutterleib an als Feind des Römischen Reichs dargestellt wird, ist die fragliche

Gegnerschaft nicht zufallsbedingt, sondern wesenhaft. Die jüdische und die römische Kultur als verfeindete Brüder zu beschreiben bekräftigt ihren ewigen Gegensatz und lässt ihre Auseinandersetzung als die zweier Menschheitstypen erscheinen. Esaus Hass auf Jakob trüge demnach Züge eines Zivilisationskrieges: keine territoriale oder politische Gegnerschaft, sondern vielmehr der Groll auf eine antagonistische Welt. Demnach würden die Römer die Juden (fast) zum alleinigen Gegenstand ihres Hasses erklären, der geradezu grundlegend für die römische Zivilisation sei. So zumindest deutet es eine berühmte Stelle im Talmud.

DER RABBINER UND DER KAISER

Der Traktat Avoda sara erzählt von der erstaunlichen Freundschaft zwischen einem Kaiser und einem Rabbiner: Es war einmal ein römischer Herrscher, der die Freundschaft eines Weisen suchte ... Die Geschichte beginnt als ebenso anrührendes wie unwahrscheinliches Märchen. Aus historischer Sicht ist sie wenig realistisch, da man sich nur schwer vorstellen kann, dass ein römischer Herrscher ein so vertrautes Verhältnis zu einem einfachen jüdischen Gelehrten geknüpft haben soll.

Zahlreiche Texte bringen den Judenhass in der traditionellen römischen Rhetorik unmissverständlich zum Ausdruck. Wiederholt hatten die römischen Armeen diverse Aufstände

der in den Provinzen lebenden religiösen Minderheiten ent-
schlossen niedergeschlagen und auch mit den Juden keine
Ausnahme gemacht. Die berühmteste jüdische Revolte, der
Bar-Kochba-Aufstand im 2. Jahrhundert, endete mit blutigen
Repressionen.

Dennoch gibt es durchaus Stellen im Talmud, die von
freundschaftlichen oder sorglosen Beziehungen, von wohl-
wollenden Diskussionen zwischen römischen Herrschern und
Juden erzählen. In manchen Episoden versucht gar ein Kaiser
oder General, die Geheimnisse der Weisheit Israels, seiner
Riten und seiner Langlebigkeit zu ergründen.

Die römische Welt, die um die Gunst der jüdischen buhlt:
Hier wird vor allem die Wunschvorstellung einer bedrängten
Gruppe transparent, die sich nach einem Gegengewicht zu der
realen politischen Machtlosigkeit sehnt und ein anderes Verhältnis zu den Machthabern imaginiert: Wie sähe wohl eine
Welt aus, in der Rom uns um Rat fragen würde?, ist hier zwischen den Zeilen zu lesen.

So entsteht eine narrative Fiktion, die sowohl ihren Verfas-
sern als auch ihren Lesern mehr als nur Trost spendet. Denn
darüber hinaus trägt sie Züge eines Traktats zur politischen
Philosophie und ermöglicht ein subtiles Eintauchen in die
vermeintliche Psyche des Gegners.

Das zwischen dem 2. und dem 6. Jahrhundert unserer Zeit
niedergeschriebene mündliche Gesetz des Judentums wird
von vielen Gelehrten mit einem Ozean verglichen. Es verlangt
ein regelrechtes Eintauchen, stets in dem Bewusstsein, dass

seine Tiefen unergründlich und nur mit äußerster Demut zu erkunden sind: Schritt um Schritt, bis man den Boden unter den Füßen verliert.

DER KAISER, DER MICH LIEBTE … EINE TALMUDISCHE SPURENSUCHE

Wir stehen nun am Ufer einer berühmten Episode aus dem Talmud. Die Szene stammt aus dem Avoda sara, wörtlich »Götzendienst«, wo es um die Auseinandersetzung mit der heidnischen Welt geht, die in den Augen der Rabbiner durch die römischen Kaiser verkörpert wird. Der Protagonist des Textes heißt Fürst Rabbi Juda. Dahinter verbirgt sich kein Geringerer als der Hauptverfasser der allerersten Niederschrift der mündlichen Thora (Mischna) im 2. Jahrhundert n. Chr. Dieser Mann ist ein so umfassend gebildeter Gelehrter, dass er im Text schlicht »der Meister« genannt wird. Immer wenn die Bezeichnung Rabbi ohne genaue namentliche Kennzeichnung vorkommt, ist er gemeint.

In der betreffenden Passage geht es um das Verhältnis zwischen dem Rabbi und dem amtierenden römischen Kaiser Antoninus, bei dem es sich möglicherweise um Antoninus Pius handelt, den Adoptivvater von Mark Aurel. Der Text beginnt folgendermaßen:

Tagtäglich war Antoninus Rabbi zu Diensten.

Er brachte ihm zu essen und zu trinken, und wenn Rabbi auf

sein Bett zu steigen wünschte, legte sich Antoninus vor das Bett
und sagte: »*Steig nur auf mich, um hinaufzuklettern.*« *Rabbi*
entgegnete ihm: »*Aber es kann doch nicht angehen, das König-*
tum derartig gering zu schätzen!« *Und Antoninus gab zur Ant-*
wort: »*Ich wünschte, ich könnte in der kommenden Welt eine*
Matratze unter dir sein!« *(Avoda sara 10b)*

1. AKT: IM ZIMMER DES RABBI

Die ersten Zeilen dieser Passage ähneln einem grotesken
Scherz, denn sie ironisieren, was den Juden gewöhnlich
vorgeworfen wird: den Willen, die Welt zu beherrschen, die
Mächtigen auf die Knie zu zwingen und als Fußabtreter zu
benutzen. Die hier beschriebene Szene ist eine humorvolle
rabbinische Wunschvorstellung und zugleich das Eingeständnis einer Ohnmacht. Wie so häufig dient die Fiktion dazu,
demjenigen Trost zuzusprechen, der sich der Situation nicht
gewachsen weiß und sich daher nach einer Verkehrung der
Rollen sehnt. Hinter dieser Passage steht die Frage, was die
Juden machen würden, wenn der große römische Kaiser, das
politische Oberhaupt des Reichs, tatsächlich einem der Ihren
zu Diensten stünde und sie den Mächtigen die Stirn bieten
könnten.

Antoninus' Aufopferung wird in zahlreichen Einzelheiten
beschrieben, die keineswegs bedeutungslos sind: Er bringt
dem Meister zu essen und zu trinken, gibt sich als Trittleiter

her und träumt davon, sich in der kommenden Welt, sprich für die Ewigkeit, mit Füßen treten zu lassen.

Für einen geübten Talmudleser haben diese Bilder eine hohe Suggestivwirkung, denn sie spielen auf ganz bestimmte Dienste, auf eine nahezu sexuelle Unterwerfung, an. In einem anderen Traktat des Talmuds etwa ist zu lesen, dass solche Hausarbeiten üblicherweise von der Ehefrau übernommen werden, die sich bewusst ist, damit bei ihrem Gatten ein unwiderstehliches Begehren auszulösen. In den talmudischen Quellen finden sich auch Beschreibungen von Liebesverhältnissen, in denen die Frau mit einer »Matratze« für ihren Ehemann verglichen[9] und mit der Verheißung assoziiert wird, ihm in der künftigen Welt als »Trittleiter« zu dienen. Derlei Metaphern, die dem patriarchalischen Entstehungskontext der Traktate entspringen, lassen Daniel Boyarin[10] vermuten, dass Antoninus' Hingabe an den Rabbi sämtliche literarische Register der erotischen Spannung bedient. Das Verhältnis der beiden Männer wird plötzlich wie ein eheliches dargestellt, in dem Begehren eine entscheidende Rolle spielt.

Der Kaiser ist gewissermaßen zu einer aufopferungsvollen und überaus unterwürfigen Ehefrau des Gelehrten geworden. Im patriarchalischen Denken der Juden und Römer ist diese Allegorie durchaus bedeutsam: Sie bringt nicht nur den Rollenwechsel zwischen Unterdrücker und Unterdrücktem zum Ausdruck, sondern verstärkt auch das Unwahrscheinliche, Traumartige der gesamten Narration. In der literarischen Welt mag die Männlichkeit auf Seiten der Rabbiner sein, in der Realität fällt sie unbestritten dem Kaiserreich und seinem Oberhaupt zu, dem Alphamann der Leitkultur.

Das Gespräch zwischen den beiden Männern nimmt eine noch erstaunlichere Wendung, indem es von der häuslichen auf die theologische Ebene wechselt:

»Habe ich denn einen Platz in der kommenden Welt?«, fragte der Kaiser daraufhin.

»Ja«, antwortete Rabbi.

»Aber steht in der Bibel (Obadja, 1:13) nicht geschrieben: Und vom Hause Esau wird keiner entkommen?«, fragte Antoninus.

»Gewiss, aber das betrifft nur diejenigen, die wie Esau handeln! ... Also weder Antoninus, den Sohn (des Assevrus), noch Ketya Bar Schalom.«

2. AKT: IM STUDIERHAUS DES RABBI

Auf einmal wirkt es, als hätten die Protagonisten das Schlafzimmer des Rabbi und folglich das eheliche Verhältnis hinter sich gelassen, um einen anderen Raum aufzusuchen: den Innenhof des Studierhauses, also die Welt der traditionellen Exegese. Das Gespräch zwischen Kaiser und Gelehrtem begibt sich nun auf eine Ebene, die es mit den bedeutendsten Disputationen der rabbinischen Schulen aufnehmen kann.

Wieder ist der Dialog unwahrscheinlich: Weshalb sollte sich ein römischer Herrscher um seinen Platz in der kommenden Welt nach dem Jüngsten Gericht sorgen, zumal er nicht an den Schöpfer glaubt? Der große Kaiser fragt sich: Gibt es für mich (und meine götzendienerische Welt) so etwas wie Heil und Erlösung, oder muss ich für immer in Sünde und Verfehlung leben?

Vergeblich versucht der Rabbiner ihn zu beruhigen, denn der Kaiser kennt die Quellen dieser Fantasiegeschichte besser als der Gelehrte. So greift er auf einen Bibelvers aus dem Buch Obadja zurück, um seine unmögliche Erlösung und unausweichliche Verdammnis zu untermauern. »Es steht geschrieben«, sagt er mit Bezug auf den biblischen Propheten, »dass vom Hause Esau keiner entkommen wird.« Hier zitiert also ein Götzendiener fehlerfrei aus dem Alten Testament und stützt sich wie selbstverständlich mit dem Vokabular und den kulturellen Referenzen seines Gegenübers auf die Propheten. Nur die Literatur erlaubt eine solche Verkehrung geltender Normen und Herrschaftsverhältnisse.

Der Text beginnt damit, dass die Männer nicht mehr männlich sind und die eigentlichen Textgelehrten andere als gedacht. Nichts davon ergibt einen Sinn. Allenfalls die von den Rabbinern gestellte Frage, die einem anderen in den Mund gelegt wird und folgendermaßen paraphrasiert werden könnte: Ist unser Feind tatsächlich nicht zu retten und zutiefst verdorben, oder kann er doch noch den Weg des Heils beschreiten? Ist er von Geburt an und grundsätzlich verdammt, oder kann er sich reinwaschen? Kann er seinen Hass auf die Juden ablegen, oder bestimmt dieser in alle Ewigkeit seine Welt und Kultur? Um es mit Bezug auf die biblischen Abstammungsverhältnisse auszudrücken: Kann Esau überhaupt anders handeln als sein Vorfahre?

Die Antwort des Rabbi lautet: Nichts ist schicksalhaft! Die Verurteilung trifft nicht die Nachkommen Esaus, sondern diejenigen, »die handeln wie er«. Der Judenhass ist demnach nicht etwas essenziell Römisches, sondern etwas, das existenziell in Rom präsent ist. Damit deutet der Gelehrte an, dass der von dem derzeitigen Götzendiener verkörperte Judenhass nicht schicksalhaft sein muss, sofern er selbst in der Lage ist, »nicht wie Esau zu handeln«.

Was genau ist unter dem »Handeln Esaus« zu verstehen, vor dem es sich zu hüten gilt? Was bedeutet es, sich davon zu distanzieren? Darauf versucht die talmudische Erzählung eine Antwort zu geben, indem sie eine weitere Begebenheit heranzieht.

Rabbi sagt zum Kaiser: »Nicht alle Römer handeln wie Esau. Es gibt Ausnahmen unter ihnen: wie dich, Antoninus, oder auch wie Ketya Bar Schalom.«

Unvermittelt spielt der Talmud hier auf eine andere Erzählung und einen anderen Protagonisten an. Ein Unbekannter namens Ketya Bar Schalom, der offenbar einer früheren Generation angehört hat, wird nun als Schlüssel zum Verständnis für die Debatte zwischen Kaiser und Rabbi herangezogen. *Wer aber ist Ketya Bar Schalom?*, heißt es im Folgenden, als dränge sich wie in *Tausendundeine Nacht* der Umweg über eine andere Erzählung auf.

Ketya Bar Schalom, sagt der Talmud, *war ein enger Berater*

des Kaisers, und dieser Kaiser hasste die Juden. Eines Tages sag-
te der Herrscher zu den Würdenträgern seines Reichs: »Stellt
euch vor, jemand hätte ein Geschwür am Bein. Soll er dieses
Körperglied abtrennen und leben oder aber behalten und wei-
ter leiden?«

Alle entgegneten: »Er soll es abtrennen und leben!«

3. AKT: IN DER ARMEE DES KAISERS

Nach dem Kaiser, der die Juden mochte, erleben wir nun
einen, der sie hasste. Die Identität dieses römischen Herrschers bleibt zwar im Dunkeln, aber er entspricht dem Bild,
das die talmudischen Rabbiner aus ihrer Erfahrung mit
der kaiserlichen Unterdrückung durch die römische Macht
haben. Dieser Kaiser hier bietet sich dem judäischen Pöbel
nicht hofierend als Trittleiter an, er unterjocht ihn unbarm-
herzig.

Eines Tages wendet er sich mit einer allegorisch verklei-
deten Frage an seine Truppen und Berater: Wie soll man mit
einer entzündeten Hautstelle verfahren, die aufgrund einer
Geschwürbildung den gesunden Organismus bedroht?

Die physiologische und chirurgische Metapher ist unmissverständlich. Das Bild des Juden als Kontaminationsquelle
für den Organismus, der durch seine Existenz bedroht wird,
sollte im Laufe der Geschichte von sämtlichen Antisemiten
aufgegriffen werden. Man wirft dem Juden vor, das soziale

Gefüge zu gefährden und den gastlichen Boden auszunutzen. Wie ein Geschwür ist er verantwortlich für die Schwachstelle. »Dreckiger Jude« heißt es dann, um ihm Verschmutzung und Verwundbarkeit anzulasten: Er ist derjenige, der die Krankheitserreger eingeschleppt hat.

Bald schon verschiebt sich der Diskurs, und der Jude, dem zunächst vorgeworfen wurde, die Ansteckung zu begünstigen, wird kurzerhand selbst zur Ansteckung. Er ist der Infektionsträger, dessen Wirken Hitler später als »Rassentuberkulose der Völker« bezeichnen sollte, der bodenfeindliche Schädling: das Ungeziefer, die Laus, die Motte, die der Dermis zusetzt, bis sie zerfällt, und den Organismus wehrlos dem eindringenden Fremdkörper ausliefert – bis zu seiner vollständigen Desintegration.[11]

Denn letztlich geht es immer um Integrität. Im Laufe der Jahrhunderte hat sich der Antisemit als Integritätsfundamentalist entpuppt. In seinen Augen schafft der Jude durchlässige Welten, bedroht mit hybriden Mischformen die territorialen Grenzen sowie die der nationalen oder familiären Identität. Der Jude verhindert jede klare Grenzziehung, verwischt, verschleiert und verletzt. Er bildet ein Loch oder ein Geschwür.[12]

»Was müssen wir tun, um die Integrität der Nation und des Kaiserreichs zu schützen?«, fragt der hasserfüllte Kaiser seine Berater und appelliert dabei an ihr Gewissen. Soll man sich von dem zersetzenden Geschwür trennen oder mit dem schmerzenden Loch weiterleben? Soll man die Schwachstelle beseitigen und die Wunde schließen oder sich mit dem Riss weiter plagen?

Die Antwort der Berater auf die von einem blutigen Bild untermalte Frage lässt nicht lange auf sich warten: Bloß schnell das Geschwür loswerden, um weiterzuleben! Die einzige Lösung besteht in der sofortigen Amputation.

Wir müssen uns von denen trennen, die die Trennung verkörpern, erwidern sie im Chor und überhören dabei den offensichtlichen Widerspruch, die im Raum schwebende Frage: Wie kann man sich von einer Trennung trennen, wie lässt sich ein Riss amputieren? Nur einer der Berater wird hellhörig.

Nur einer erfasst das Absurde dieses Ansinnens. Er heißt Ketya Bar Schalom und betritt nun den Text und damit die Geschichte.

4. AKT: IM KOPF EINES MANNES

Für einen nicht-jüdischen Berater hat dieser Mann zugegebenermaßen einen merkwürdigen Namen, der nicht gerade römisch klingt. Ob er Jude ist? Dann wäre er von einem judenfeindlichen Kaiser wohl kaum in ein solches Amt geholt worden. Möglicherweise handelt es sich bei Bar Schalom um ein Pseudonym: nicht um einen selbstgewählten, sondern um einen hebräischen Namen, den der Text ihm gibt, einen Familiennamen, der in sich bereits einen subtilen Widerspruch enthält.

Wörtlich bedeutet *Ketya Bar Schalom* auf Hebräisch *ketya* (die Trennung), *bar* (Sohn von/kommt aus) und *schalom* (Frieden/Unversehrtheit).

Der Mann, der also gewissermaßen »von der Unversehrtheit stammende Abtrennung« heißt, fällt aus der römischen Armee heraus und verweist mit seinem Namen unmissverständlich auf den Bruch mit seiner Zugehörigkeitsgruppe. Sobald er das Wort ergreift, geht es letztlich um nichts anderes:

»Erstens«[13], beginnt seine Beweisführung, »wirst du dich nicht vollständig von den Juden trennen können.« Zunächst einmal, sagt Ketya zum Kaiser, werde er mit einer Amputation weder die Integrität, das ersehnte Einssein, erreichen noch die erwünschte Reinheit durch die Trennung von ihnen.

Mit seinem Plädoyer für die unmögliche Abspaltung von den Juden trennt Ketya sich von seinen Kollegen.

Seine Argumentation untermauert er mit einem Bibelvers:

Denn es steht geschrieben (Sacharja, 2:10): »Nach den vier Winden des Himmels habe ich euch ausgebreitet … und da die Welt nicht ohne Winde sein kann, kann sie auch nicht ohne das Volk Israel sein. Ferner werden sie dich Reich der Trennung nennen.«

Wie weiter oben im Text, als Antoninus die prophetischen Quellen zitiert, hat man es hier mit einem sehr unwahrscheinlichen Plädoyer zu tun: Ein kaiserlicher Berater versucht mithilfe von Bibelversen und den Worten eines jüdischen Propheten einen heidnischen Herrscher zu überzeugen. Seit

61

wann sind in Rom derlei Beweisführungen an der Tagesordnung?

Seine Rede nimmt jedoch eine erstaunliche Wendung: »Du wirst das Volk Israel nicht loswerden können«, sagt Ketya zum Kaiser, »denn es gleicht den Winden.« Mit anderen Worten: Es lässt sich nicht einfangen, festlegen oder weglocken. Es ist ungreifbar, unsichtbar und nur an seiner eigenen Bewegung erkennbar. Außerdem kann die Welt nicht ohne es sein.

Ketyas Worte oszillieren zwischen klassischer antisemitischer Rhetorik (»sie sind, durchsichtig und gut versteckt, überall und manipulieren die Welt …«) und der bedingungslosen Verteidigung des jüdischen Volks, über das die Schriften die Wahrheit sagen und auf das die Welt nicht verzichten kann.

»Darüber hinaus«, setzt er hinzu, »werden sie dich Reich der Trennung nennen.«

Der Schlüssel zu Ketya Bar Schaloms Eingreifen könnte sich in diesem Satz verbergen, in dem er den Kaiser mit seinen Widersprüchen konfrontiert: Kann das Reich sich erlauben, als abgetrennt zu erscheinen oder mit der Trennung zu leben? Die Antwort ist bekannt und beruht auf einem grundlegenden Prinzip der römischen Gebietsverwaltung: der Einheit. Während der *Pax Romana* erstrecken sich Recht und Gesetzgebung des Römischen Reichs über ein zunehmend vereinheitlichtes Gebiet. Rom ist die Welt von *Pax* und *Schalom*, das Reich der Kontinuität und der Unversehrtheit.

Und nun macht ein Kaiser aufgrund seines Judenhasses

den Vorschlag einer Abtrennung, um die legendäre Einheit wiederherzustellen. Meinst du, fragt Ketya, dass du aus deinem Gebiet ein »abgetrenntes« (*ketya*) Reich machen und auf diese Weise deine Integrität und Identität schützen kannst?

Hinter dieser Frage lauert bereits die entscheidende Auseinandersetzung zwischen Rom und dem jüdischen Volk. Den Rabbinern zufolge zeichnet sich an diesem Punkt das grundlegende Problem des Judenhasses ab, denn angeblich verkörpern die Juden genau jene unmögliche einheitliche Expansion.

Nach Jean-Luc Nancy wird der Jude in der Geschichte als Hindernis für das Wachstum und die Beherrschung der Welt gesehen, als Feind eines »gesunden und florierenden Bündnisses der Nationen« oder eines imperialistischen Expansionsprogramms.

»Was den Antisemitismus von jedem Rassismus unterscheidet, ist, dass er mit ›dem Juden‹ eine Figur findet oder markiert, die der Inbegriff all dieser Hindernisse für das Anwachsen der Herrschaft ist. In dieser Hinsicht ist die antisemitische Feindseligkeit von der rassistischen weit entfernt: sie rührt weniger von einem Verhältnis zwischen Gruppen her als vom Selbstverhältnis einer Macht, die allen Gruppen überlegen sein will.«[14] Demnach wäre der Antisemitismus gleichbedeutend mit der Absicht eines Mannes, einer Gruppe oder eines Imperiums, das zu vernichten, was die eigene Expansion im Inneren unterminiert. Der Jude ist nicht der andere, der ein ungebremstes äußeres Wachstum verhindert, sondern derjenige, der für ein inneres Geschwür verantwortlich ist und dem Körper seine weitere Ausdehnung oder Konsolidierung verwehrt.

Das jüdische Volk, das innerhalb des Kollektivs als anders wahrgenommen wird, hindert das Reich, die Nation oder die Familie daran, »eins« zu werden oder eine Gesamtheit zu bilden. Als würde seine Anwesenheit permanent an die unmögliche Unversehrtheit erinnern.

Aus diesem Grund verdächtigt man die Juden, die Grenzen durchlässig zu machen, dem Kollektiv eine Schwachstelle zuzufügen.[15] Sie widersetzen sich der Einheit, sie erinnern an den Riss, mit dem nur ein Leben unter Schmerzen möglich ist. Mit anderen Worten: Der Jude ist abgetrennt und erinnert an all das, was sich in unserer Welt sonst noch in diesem Zustand befindet. Um sich von der eigenen Unvollkommenheit zu trennen, erklärt man ihn für schuldig.

Und für diese Schuld wird er zahlen müssen.

Die Geschichte von Ketya Bar Schalom und sein Auftritt im Text fließen in seinen Namen ein: »von der Unversehrtheit stammende Abtrennung«.

Dieser Mann ist in einer Welt geboren, die vor der Integrität in die Knie geht. Dennoch gelingt es ihm, dem Kaiser seine Schwachstelle vor Augen zu führen – und genau das macht ihn zum idealen Sündenbock.

Die Erzählung geht wie folgt weiter:

Der Kaiser entgegnet: »Du hast gut gesprochen. Doch jeder, der den Herrscher demütigt, verdient es, ins Feuer geworfen zu werden!«

5. AKT: DIE ENTFESSELUNG
DER GEWALT

Der Mächtige wird durch die Beweisführung seines Beraters gedemütigt. Sie hält ihm vor Augen, dass sowohl seine Argumentation als auch seine Identität auf wackligen Beinen stehen. Kann er mit diesem narzisstischen Geschwür leben, ohne sich zu desintegrieren? Deine Beweisführung ist gelungen, räumt der Kaiser ein, aber mit welchem Recht fährst du mir so über den Mund? Wer würde es wagen, dem Anführer ungestraft zu widersprechen? Die intellektuelle Überlegenheit des Untergebenen gleicht einer für das kaiserliche Regime inakzeptablen symbolischen Kastration. Wer dessen Ehre verletzt, muss vernichtet, zu Asche gemacht werden. Immerhin steht die Integrität des Herrschers und seines Reichs auf dem Spiel.

Ketya wird also ins Feuer geworfen. Für die Rabbiner ist dieser Verweis alles andere als bedeutungslos. Abraham, der Vater des Monotheismus, der eines Tages der Welt der Götzendiener entsagt hat, musste in seiner Kindheit selbst eine solche Prüfung erleiden: Nimrod, der chaldäische Tyrann, warf ihn ins Feuer, das er wie durch ein Wunder unversehrt überlebte. Es scheint also, als wäre Ketya ein Sohn Abrahams, der sich symbolisch dem gleichen Initiationsritus unterzieht.

Und während man ihn ergriff und mitnahm, wandte sich eine Matrone an Ketya: »Armes Schiff, das seine Reise antritt, ohne die Durchfahrtssteuer bezahlt zu haben!« Daraufhin riss

Ketya mit folgenden Worten seine Vorhaut ein: »Wer den Preis zahlt, darf durchfahren.«

Da meldet sich plötzlich eine Frauenstimme in Gestalt einer römischen Matrone zu Wort. Der Text scheint an dieser Stelle einen Außenstehenden zu brauchen, die Stimme eines anderen, in diesem Fall *einer* das Anderssein verkörpernden anderen. Sie ist in dieser Geschichte die Dritte. Im Talmud verkörpert das Weibliche oft die Stimme einer außenstehenden, die herrschende Macht und Phallokratie hinterfragenden Weisheit. Die körperliche und auch politische Ohnmacht der Weiblichkeit liefert den Schlüssel zu einer anderen Art von Macht, die sich in alltäglichen Wörtern und Gesten äußert.

Die weibliche Welt des Talmuds steht immer für die Weisheit des *Outsiders*. In dieser Hinsicht sind sich Frauen und Juden in den Schriften sehr ähnlich. Beide Gruppen stehen der römischen Herrschaft machtlos gegenüber und können sich politisch nur durch Gewitztheit und kluge Worte, ihre einzigen Werkzeuge, einbringen.

Die Waffe der Frauen und der Juden ist die Sprache; die Macht des Wortes, das auf Hebräisch *milah* und damit auch Beschneidung heißt. *Milah* ist der Einschnitt in den Satz oder in den Körper; er entsch(n)eidet und sorgt für Diskontinuität. Ketya wird aufgrund seiner machtvollen Sprache von den Seinen getrennt und in eine andere Welt verbannt. Doch kann er tatsächlich dorthin gelangen? Kann er sich problemlos aus der integritätshörigen Welt lösen, in die er geboren und in der er aufgewachsen ist?

Die Matrone fragt ihn in der codierten Sprache des Mythos, ob das Schiff ohne Durchfahrtssteuer auch wirklich reisen könne.

Das Schiff verweist hier natürlich auf den Kahn der griechisch-römischen Mythologie, mit dem Charon die Toten über den Höllenfluss Styx, das »Wasser des Grauens«, geleitet. Ob Ketya dieses Grauen überqueren kann, ohne seinen Obolus zu entrichten?

Für die Rabbiner klingt dies wie ein Echo auf die ein paar Zeilen weiter oben von Kaiser Antoninus gestellte Frage: »Wie kann ich wissen, ob ein Mann wie ich einen Platz in der kommenden Welt hat?« Mit anderen Worten: Ist es einem Kind Esaus, einem Angehörigen des götzendienerischen Volks, überhaupt möglich, dem überlieferten Hass zu entkommen? Sich in eine andere Gedankenwelt zu flüchten?

Ketya, der Mann der Trennung, zerreißt seine Vorhaut und spielt damit die Beschneidung Abrahams nach. »Wer den Preis zahlt, darf durchfahren«: Ja, bekräftigt Ketya, dieser Hass kann in mich eindringen, doch der Preis dafür ist die Trennung, die Entscheidung, mit der Unvollständigkeit zu leben.

Ketyas Beschneidung ist keine Bekehrung im eigentlichen Sinne. Der römische Berater wird nicht zum Juden, die fleischliche Trennung rundet lediglich einen Prozess ab, der mit sprachlichen Mitteln schon lange vorher begonnen hat: Ketya hat sich von der Welt seines antisemitischen Anführers, von einer integritätshörigen Welt, getrennt: Genau wie einst

Abraham lässt er seinen Geburtsort hinter sich, um die innere Trennung zu akzeptieren, statt der Unversehrtheit zu huldigen. Ketya ist ein Sohn Abrahams geworden, kein Jude zwar, aber in gewisser Weise ein Nicht-Heide wie der Urvater Abraham. Im etymologischen Wortsinn ist er nun ein *ivri*, ein Mann der Durchfahrt.

Wie lassen sich die beiden Teile dieser Geschichte aneinanderfügen?

Auf der einen Seite haben wir einen Kaiser, der sich in seinem Verhältnis zur jüdischen Welt bereitwillig verweiblicht. Auf der anderen einen Kaiser, der entschlossen ist, sich weder von der Gegenwart eines seine Integrität bedrohenden jüdischen Volks kastrieren zu lassen noch von den Worten eines Beraters, der sich von ihm und einem Teil seines Körpers trennt.

Sowohl Antoninus als auch Ketya ist ein Platz in der kommenden Welt gewiss: Sie entkommen dem mörderischen Hass. Diese Möglichkeit, ein Sohn Esaus zu sein, ohne jedoch wie Esau zu handeln, die Verweigerung der antisemitischen Schicksalhaftigkeit, wird an dieser Stelle deutlich, ist aber auch an eine spezielle Bedingung geknüpft: an die Fähigkeit, mit der Trennung, dem Bruch und der Unvollständigkeit zu leben; an die Fähigkeit, der fundamentalistischen Versuchung zu widerstehen.

Diese Fähigkeit, mit dem Mangel und dem Unfertigen zu leben, entspricht im jüdischen Denken dem Weiblichen. Auf Hebräisch heißt es *nekeva*, ein Wort, das so viel wie Loch oder

Höhle bedeutet. Diese Idee prägt den Text durch seinen weiblich anmutenden Kaiser und dessen eheähnliches Verhältnis zum Rabbi; mit der weiblichen Matrone, die dem vom Kaiser in den Tod geschickten Mann einen Durchgang aufzeigt, und schließlich mit dem kaiserlichen Berater, dessen Beschneidung auf die symbolische Abtrennung von seiner Herkunft verweist.

Weder Antoninus noch Ketya konvertieren. Das Judentum proklamiert nicht, dass es außerhalb seiner Gemeinschaft kein Heil gebe. Doch das rabbinische Denken warnt vor allem, was die vermeintlich intakte Identität bedroht: dem Hass auf die Juden als sichtbare Träger der Abtrennung, die man in sich selbst nicht sehen will.

Man muss kein Jude sein, um mit dem Mangel zu leben. Aber es ist schwer, kein Antisemit zu sein, wenn man um jeden Preis ohne Riss leben will.

KASTRATION

Für einen Augenblick wollen wir unsere talmudische Ermittlung unterbrechen und mit einem großen Sprung durch Raum und Zeit aus der römischen Provinz Judäa ins Mitteleuropa des frühen 20. Jahrhunderts eintauchen.

Im Jahr 1909 beschäftigt sich Sigmund Freud in Wien mit dem Fall des fünfjährigen Hans, der unter starken Phobien leidet. In einer Fußnote seiner Studie schreibt der Vater der

Psychoanalyse einen denkwürdigen Satz: »Der Kastrationskomplex ist die tiefste unbewußte Wurzel des Antisemitismus.« Und weiter heißt es: »Auch die Überhebung über das Weib hat keine stärkere unbewußte Wurzel.«[16]

Im vergangenen Jahrhundert etablierte Freud eine direkte Beziehung zwischen Antisemitismus und Frauenfeindlichkeit, die beide dem gleichen mentalen Bereich entstammten, den gleichen Tiefen des Unbewussten und der Angst vor der Kastration: vor Leere, Verlust und Trennung. Wenn der andere den Mangel und die unmögliche Vollständigkeit verkörpert, hasse ich ihn, weil er so meine Integrität gefährdet. Ich nehme es ihm zutiefst übel, meine Unversehrtheit zu verletzen.

Hatte der Talmud sich nicht schon in seiner Beschreibung der Auseinandersetzung mit Rom in diesem Sinne ausgesprochen? Permanent suggerieren die Gelehrten, der Judenhass sei ohne eine Reflexion über den Platz des Weiblichen in den Schriften und der Geschichte nicht zu erklären. Denn für den Hasserfüllten verkörperten sowohl der Jude als auch die Frau den Mangel.

Schon lange vor jener Zeit findet sich in der Bibel ein Vorgeschmack darauf im bereits erwähnten Buch Ester, wo die Motive von Kastration und Antisemitismus parallel auftauchen. Haman ist den Juden feindlich gesinnt und will sie um jeden Preis vernichten, weshalb er im Palast des Ahasveros, dessen Diener allesamt Eunuchen sind, ein Gemetzel anrichtet. Die Kastration der königlichen Diener zieht sich mit einer gewissen Komik leitmotivartig durch das Buch Ester:

Was mag das nur für ein Königreich sein, in dem nahezu alle Männer impotent sind, körperlich wie politisch?

Dieses Reich ist von einer starken Frauenfeindlichkeit geprägt. Gleich in den ersten Zeilen der Erzählung verspricht der König seinen Untertanen, die Männer würden bald aufs Neue von ihren Frauen respektiert und »Herren über ihre Häuser« (Esther, 1:22) sein. Im Palast des persischen Königs schützt die Kastration der Diener zwar die Frauen des Hofes (*Gynaikonitis*), doch ausgerechnet im Herzen einer gefährdeten und impotenten Männlichkeit bricht sich ein entfesselter Antisemitismus Bahn.

Wie in einem dezenten Rückverweis erzählt der Jahrhunderte später verfasste Talmud die Geschichte des Kaisers Antoninus und nennt ihn »Antoninus, Sohn des Severus«. In den Text schleicht sich jedoch ein Rechtschreibfehler ein, und vor den Namen des Kaisers rutscht ein Aleph. Rabbi wendet sich an Antoninus, Sohn des Severus, doch zu lesen ist »Sohn des Ahasveros«.

Sobald sich irgendwelche Vorboten des Antisemitismus zeigen, finden wir uns in jenen persischen Palast zurückversetzt. Ester muss den Ängsten und dem Wahn Hamans trotzen, der um seine Männlichkeit und Integrität fürchtet. Ahasveros ähnelt den anderen Herrschern der Geschichte, verkörpert Schutzmacht und drohende Vernichtung zugleich. Er kann entscheiden, ob er den Juden einen Platz in seinem Königreich geben oder sein Reich durch ihre Auslöschung retten will. Es gilt dabei lediglich, die eigene Kastrationsangst zu überwinden und auf die weibliche Stimme – einer Matrone oder Königin, die zu oder in ihm spricht – zu hören.

Wenn wir diesem Motiv weiter auf den Grund gehen wollen, stellt sich die irritierende Frage, ob der Antisemitismus in Wirklichkeit vielleicht ein Problem der Männlichkeit ist. Ist der Hass auf die Juden nicht auch ein bisschen ein Krieg der Geschlechter?

KAPITEL 3

ANTISEMITISMUS
ALS KRIEG DER GESCHLECHTER

Beginnen wir mit einem Druckfehler, den eines Tages ein Leser in einem Buch entdeckt. Der Leser ist Jacques Derrida, das betreffende Buch stammt von Jean-Paul Sartre und heißt *Überlegungen zur Judenfrage*. In der Einleitung zu Sartres Essay liest Derrida:

»Der Jude ist ein Mensch, den die anderen Menschen für einen Juden halten: das ist die einfache Wahrheit, von der man ausgehen muß.«[17] Und er kommentiert: »Meine Ausgabe enthält einen seltsamen Druckfehler: Man liest dort ein*e* Mensch: Der Jude ist eine Mensch.«[18]

So liefert ein einfacher Tippfehler das Argument dafür, dass der Jude im Laufe der Geschichte häufig als verweiblichter Mann wahrgenommen wurde oder zumindest ein Beweis für das auf die Welt einwirkende Weibliche gewesen sei.

2015 erklärte Roland Dumas, der ehemalige Präsident des französischen Verfassungsgerichts, in Bezug auf den damaligen Premierminister Manuel Valls, dessen Ehefrau Jüdin ist, dieser stehe »unter jüdischem Einfluss«. Altbekanntes antisemitisches Gedankengut: Die »Juderei« verführt die Macht, um sie zu manipulieren; verjudet sie, um sie besser unterjochen zu können. Die Schwäche des Mannes erklärt sich schnell, nämlich aus der hinter oder in ihm verborgenen jüdischen Frau. Demnach sei das Verhältnis der Juden zur politischen Macht immer auch ein weibliches Vorhaben.

Als Léon Blum in den 1930er Jahren zum französischen Premierminister gewählt wurde, liest man etwa bei einem gewissen Jean-Pierre Maxence, Léon Blum sei »eine gelehrte Frau, die vor ihrem faszinierten Salon glänzt. Sehen Sie sich ihn nur genau an im Eifer einer Kundgebung: das Weibchen, das abwechselnd um ein Männchen scharwenzelt, es beschnuppert und umschmeichelt oder klagend bedroht.« Für Léon Daudet ist er »das Mädchen« und »die Mamsell«, die »die Wutausbrüche und Zuckungen einer Frau« habe. Für Charles Maurras schließlich die »mit der Gartenschere getaufte Blume Blum«, während die Action française ihn als »große Hysterikerin« bezeichnet und *L'Humanité* als »große Kokette«.[19]

Die Verweiblichung des Juden im politischen Diskurs dient im Allgemeinen dazu, den verjudeten Mann als schwach dastehen zu lassen, wenn nicht gar als Manipulierer, Hysteriker oder Opportunisten – alles Entlehnungen aus der traditionellen frauenfeindlichen Rhetorik, die das machtausübende Individuum disqualifizieren.

DIE JÜDISCHE REGEL

Die Verweiblichung des Juden betrifft nicht nur seinen Charakter, viele antisemitische Texte deuten an, dass es auch dem jüdischen Körper an Männlichkeit fehle. Seit dem Mittelalter existiert eine antijüdische Literatur, der zufolge der Körper des jüdischen Mannes aus einem seiner Organe, meist der Nase oder dem After, blute. Die Gestalt des hämorrhoidalen Juden ist in der antisemitischen Bilderwelt und Erzähltradition sehr geläufig.[20]

Im 13. Jahrhundert schreibt der christliche Anatomiker Thomas von Cantimpré, dass jüdische Männer menstruierten und dieses Phänomen der Beweis für einen jahrtausendealten Fluch sei: Die Juden bluteten, um für das vergossene Blut Christi zu sühnen. Die Logik ist ebenso simpel wie unerbittlich: Weil die Juden Blut vergossen haben, bluten sie nun selbst, weshalb nun wiederum wir sie »ausbluten« dürfen.

Der Bezug auf das Blut spielt auch bei den Vorwürfen des Ritualmordes eine zentrale Rolle. Demnach würden die Juden Christenkinder opfern, um sich das Heil zu verdienen oder ihren Hämoglobinspiegel nach den monatlichen Blutungen auszugleichen.[21] Solche Vorstellungen ziehen sich bis ins 17. Jahrhundert durch die antijüdische Literatur.

An der Wende zum 20. Jahrhundert schließlich erblüht eine Literatur und Pseudowissenschaft der jüdischen Rasse, die von der nationalsozialistischen Ideologie weidlich ausgeschlachtet werden sollte. Der jüdische Körper wird nunmehr systematisch als biologisch abweichend beschrieben, und die diesbezüglichen Forschungen bestärken häufig das Motiv einer denaturierten Männlichkeit.

DER FALL OTTO WEININGER

In Geist und Körper gleicht der Jude einer Frau. So bekräftigen es die sogenannten wissenschaftlichen Forschungen, die mit einer langen Liste gemeinsamer Eigenschaften aufwarten: Hysterie, Unzuverlässigkeit, Manipulation oder gar gesteigertes Geldinteresse.

Für seine Propaganda sollte Hitler sich später ausgiebig auf diese Theorien stützen, insbesondere auf die des jungen Otto Weininger, den er als »einzigen anständigen Juden« bezeichnete. Dieser seine Herkunft tief verabscheuende junge Mann verfasste 1903, kurz bevor er sich und damit endgültig auch den Juden in sich umbrachte, ein Buch mit dem Titel *Geschlecht und Charakter*. In diesem Bestseller des frühen 20. Jahrhunderts heißt es: »Es bereitet jedem, der über beide, über das Weib und über den Juden, nachgedacht hat, eine eigentümliche Überraschung, wenn er wahrnimmt, in welchem Maße gerade das Judentum durchtränkt scheint von jener Weiblichkeit, deren Wesen einstweilen nur im Gegensatze zu allem Männlichen ohne Unterschiede zu erforschen getrachtet wurde.«[22] Ferner seien »die Frau und der Jude der Abgrund, über dem das Christentum aufgerichtet ist«.[23]

76

Für Weininger ist seine Epoche nicht nur »die jüdischste, sondern auch die weibischste aller Zeiten«.[24] Was genau versteht er darunter? Aus der detaillierten Aufzählung identischer Charakterzüge schält sich ein zentrales Element heraus, das beiden Identitäten gemein ist: ein gespaltenes Selbstbild als Wurzel der damals die europäische Gesellschaft erschütternden Krise.

Nach Weininger ist der Jude die Verkörperung der Vieldeutigkeit, des alle bedrohenden inneren Zwiespalts. Er ist die Gestalt des Anderen, der das Gleiche kontaminiert, die innere Schwachstelle, die man zu kitten trachtet. Folglich zerstört er die Welt, indem er Zweifel und Zwiespalt sät. Weininger erinnert daran, dass beide Wörter dieselbe Herkunft haben: Der jüdische Geist sei die Herrschaft der »Zweiheit« und hindere die Welt für immer daran, »eins« zu werden.[25]

Insofern bildet die jüdische Kultur für Weininger einen Kontrast zu den Werten des Christentums und der arischen Identität, die beide nach Erfüllung streben und keinen Platz für den Zweifel haben. Vor allem die arische Identität ist auf absolute Eindeutigkeit bedacht: ein Volk, ein Reich, ein oberster Führer.

Weininger präsentiert nichts weniger als einen »Weg der Erlösung«: Die Frau und den Juden zu beherrschen bedeutet, sie um der eigenen Befreiung willen aus sich herauszureißen. Es gilt um jeden Preis, den Anderen loszuwerden, der uns daran hindert, wir selbst zu sein und endlich mit uns »eins« zu werden. Die Reinigung von dem inneren Juden ist eine fixe

Idee bei Weininger, für den die »jüdische Sexualität« folglich den von jenem Körper bewirkten moralischen Verfall verkörpert.

»Der Jude«, schreibt er, »ist stets lüsterner und geiler … als der arische Mann.«[26] Wie die Frau sei er Lust, Sinnen und Fleisch stärker ausgeliefert. Weininger bedient sich hier aus der um die Jahrhundertwende in Europa florierenden pseudowissenschaftlichen Literatur, die das Judentum mit sexuellen Obsessionen und Affekttaten in Zusammenhang bringt. Damals wird zum Beispiel gerne die angebliche jüdische Identität von Jack the Ripper unterstrichen und als Triebfeder seines mörderischen Wahns gedeutet.[27]

Das sexuelle Motiv des Antisemitismus existierte schon in der Literatur der Antike: Tacitus zum Beispiel beschrieb die Juden als *projectissima ad libidinem gens*, als lüsternstes Volk überhaupt, das ungezügelten Sitten fröne. Kaum neue Erträge also – sieht man von der im ausgehenden 19. Jahrhundert so beliebten »wissenschaftlichen« Beweisführung ab, die einer jahrhundertealten Zwangsvorstellung zuarbeitet.

DIE KINDHEIT EINES CHEFS

1939 veröffentlichte Jean-Paul Sartre eine Erzählung, in der er die Entwicklung und den intellektuellen Werdegang des Protagonisten Lucien Fleurier von seiner goldenen Kindheit bis zu seinem antisemitischen Aktivismus beschreibt. Der Text versucht, in Form eines Bildungsromans die Fundamente seiner autoritären Persönlichkeit zu ergründen und nachzuvollziehen, wie sich aus dem Hass des jungen Mannes ein Grundpfeiler seiner Identität entwickelt. Sartre fragt sich, wie ein empfindsamer Junge und abenteuerlustiger Jugendlicher eine so todbringende Wendung nehmen kann.

Insbesondere die eingehende Betrachtung von Anfang und Ende des Buchs ist kostbar für die Interpretation der Geschichte.

Die Erzählung beginnt mit einer Initiationsszene, einer prägenden Erinnerung aus der frühen Kindheit des Protagonisten. An einem religiösen Feiertag sitzt Lucien bei einem Freund der Familie auf dem Schoß, der ihn zunächst für ein Mädchen hält:

»›Wie heißt du? Jacqueline, Lucienne, Margot?‹ Lucien wurde ganz rot und sagte: ›Ich heiße Lucien.‹ Er war nicht mehr ganz sicher, kein kleines Mädchen zu sein … Er hatte Angst, die Leute würden auf einmal beschließen, daß er kein kleiner Junge mehr war.«[28]

Sartre beginnt diese Lebenserzählung mit der Geschlechterverwirrung eines verunsicherten Kindes und legt damit nahe, dass der Ausgangspunkt seiner künftigen autoritären Persönlichkeit in dieser bedrohlichen Verwechslungserfahrung liege. Die Erzählung endet mit der Verwandlung von Lucien, die seine Identifikation mit dem Antisemitismus besiegelt und den Judenhass zum Rückgrat seiner Identität macht.

»Lucien betrachtete sich noch einmal, er dachte: ›Lucien, das bin ich! Jemand, der Juden nicht ausstehen kann.‹« Sartre beschreibt diesen angenommenen Antisemitismus wie folgt: »erbarmungslos und rein ragte er aus ihm heraus wie eine stählerne Klinge, die andere Brüste bedrohte. ›Das‹, dachte er, ›das ist heilig.‹«[29]

In seiner heiligen Verwandlung, die einer antisemitischen Konfirmationszeremonie gleicht, fasst Julien zwei Entscheidungen. Zum einen will er eines Tages ein jungfräuliches Mädchen ehelichen: »Er würde sie heiraten, sie wäre *seine* Frau, das lieblichste seiner Rechte … er würde zu ihr sagen ›Du bist mein!‹ Was sie ihm zeigen würde, wäre sie verpflichtet, nur ihm zu zeigen, und der Liebesakt wäre für ihn die wollüstige Bestandsaufnahme seines Vermögens. Sein lieblichstes Recht; sein intimstes Recht: das Recht auf Achtung bis in sein Fleisch, auf Gehorsam bis in sein Bett.«[30]

Im Gefolge dieser Entscheidung fasst Lucien eine weitere: Er will sich einen Schnurrbart wachsen lassen! In *Die Kindheit eines Chefs* wird das Streben nach Männlichkeit, ja die gefährdete Männlichkeit des Protagonisten als Haupttriebfeder seines autoritären, antisemitischen Abdriftens gedeutet. Der junge Mann, der an seiner sexuellen Identität und männlichen Integrität zweifelt, versteckt seine Verletzlichkeit hinter einem majestätischen, tröstlichen Hass, hinter der absoluten Kontrolle einer untergebenen Weiblichkeit. Erst so wird aus ihm ein wahrhaft männlicher Mann ...»ein Chef der Franzosen«.

EINE MÄNNERKRANKHEIT?

Haben die Männer um 1900 in Europa tatsächlich eine Männlichkeitskrise durchgemacht? Das zumindest suggeriert Elisabeth Badinter in ihrem Buch *XY, de l'identité masculine* und erinnert daran, dass diese in der Literatur hinlänglich beschriebene[31] Identitätsangst durchaus »mit dem Aufstieg des Nationalsozialismus und allgemeiner des europäischen Faschismus zusammenhängt. Hitlers Machtübernahme klang unbewusst wie das Versprechen einer männlichen Restauration.«[32] Im ausgehenden 19. und frühen 20. Jahrhundert ist parallel zu der immer präsenteren Emanzipationsfrage eine Zunahme frauenfeindlicher Bücher und Diskurse zu verbuchen. »Der Wiener Intellektuelle fürchtet sich weniger vor der Auflösung der traditionellen Familieneinheit als vor der Emanzipation der Frau«, schreibt Elisabeth Badinter.

Gleichzeitig floriert die antisemitische Literatur mehr denn je. In ihr verkörpert der Jude das Nicht-ganz-Mann-Sein und das verweiblichte Männliche, während die Jüdin häufig als emanzipierte Frau, als *Virago* und damit männliche Frau, dargestellt wird. Die beiden antisemitischen Stereotypen, die vermännlichte Frau und der verweiblichte Mann, verweisen spiegelbildlich auf die gesellschaftliche Gefährdung, der die männliche Dominanz und die geschlechtsspezifische Norm unterliegen.

Auch andere Autoren etablieren einen mehr oder minder direkten Bezug zwischen Judenhass und Männlichkeitskrise. Theodor W. Adorno zum Beispiel erforscht in seinen Arbeiten zum Antisemitismus[33] das Verhältnis zwischen dem autoritären Charakter, der sich an streng patriarchalen Vorgaben orientiert, und dem Hang zu Vorurteilen. Die Historikerin Shulamit Volkov wiederum geht davon aus, dass Antisemitismus im frühen 20. Jahrhundert als eine Art kultureller Code bei sämtlichen Gegnern der (vor allem weiblichen) Emanzipation gegolten habe.[34]

Schließlich entwickelt Margarete Mitscherlich auf der Grundlage von Adornos Theorien zum autoritären Charakter die These vom Antisemitismus als »Männerkrankheit«.[35] Ihr zufolge sei der Judenhass eine »Pathologie des Über-Ichs«, ein Mittel, verdrängte Triebe auf die Juden zu projizieren und sie sich – samt den Juden – vom Hals zu schaffen. Dieses direkt an die Kastrationsangst geknüpfte Phänomen trete eher bei Männern als bei Frauen auf und zeuge von den patriarchalen Strukturen der modernen Gesellschaft. Natürlich könnten theoretisch auch Frauen davon betroffen sein, sie müssten dafür jedoch zuerst die patriarchalen Stereotype verinnerlichen und ihrerseits befördern.

Der Jude als entmännlichter Mann, der die physische oder psychologische Integrität des Männlichen und damit die Integrität der Nation oder Gruppe gefährdet, ist zweifelsohne ein obsessives Motiv des entfesselten Antisemitismus im 20. Jahrhundert.

DER »KLEINE JUDE« UND
DER »GROSSE GOI«

Und was, wenn in dem antisemitischen Klischee des unmännlichen jüdischen Mannes doch ein Fünkchen Wahrheit steckte? Diese unbequeme Frage wagt der amerikanische Forscher Daniel Boyarin in seinem Buch *Unheroic Conduct, the Rise of Heterosexuality and the Invention of the Jewish Man*. Was, wenn »etwas Richtiges – aber sehr ungeschickt Formuliertes – an der wiederkehrenden Vorstellung des jüdischen Mannes als eine ›Art‹ Frau wäre?«.[36]

Im Talmud und in zahlreichen rabbinischen Legenden stehen sich die Welt der Rabbiner und die der Römer gegenüber wie zwei gegensätzliche Männlichkeitstypen.

Mehrere Texte beschreiben diese archetypische Auseinandersetzung als eine geschlechterspezifische. Das berühmteste und symbolträchtigste dieser Streitgespräche im Talmud folgt auf die Begegnung zwischen Resch Lakisch und Rabbi Jochanan.

Resch Lakisch, Anführer einer Räuberbande, wurde Anfang des 3. Jahrhunderts in Tiberias geboren. Aufgrund seiner bemerkenswerten Körperkraft war er der Legende nach Gladiator und pflegte damit einen Lebensstil, der zwangsläufig stark mit dem rabbinischen Ideal kontrastierte. Eines Tages begegnete er einem Gelehrten aus dem Studierhaus, Rabbi Jochanan, der im Talmud nicht nur für seine Weisheit, sondern auch für seine außerordentliche Schönheit sowie eine körperliche Eigenheit bekannt war. Er war gänzlich unbehaart und hatte zudem das Gesicht einer Frau, verkörperte also das genaue Gegenteil eines Alphamännchens:

Eines Tages badete Rabbi Jochanan im Jordan. Resch Lakisch sah ihn und hielt ihn für eine Frau. Er warf sein Messer fort und sprang ihm nach. Jochanan sagte zu ihm: Deine Stärke für die Thora! Resch Lakisch entgegnete: Deine Schönheit für die Frauen! Rabbi Jochanan antwortete: Wenn du umkehrst, gebe ich dir meine Schwester zur Frau, die noch schöner ist als ich. Resch Lakisch willigte ein, doch als er ans Ufer zurückkehren wollte, hatten ihn seine Kräfte verlassen.[37]

Eine merkwürdige Begegnung am Flussufer, bei der zwei Welten aufeinandertreffen: Resch Lakisch lässt sich vom Anblick eines unbehaarten Körpers im Wasser täuschen. Er meint, eine Frau zu sehen, und springt ihr hinterher, vermutlich in der Absicht, sie zu vergewaltigen. Doch die vermeintliche Frau entpuppt sich als Gelehrter, der sich zwar nicht mit körperlicher Gewalt, aber dafür umso besser mit Wortgefechten auskennt. Dementsprechend überzeugt er den Gladiator, ans »andere Ufer« zu schwimmen und aus der männlichen römischen Welt in die der Rabbiner zu wechseln. Doch genau in dem Moment, da Resch Lakisch einwilligt, fehlt ihm die Kraft, das Ufer zu erreichen: Er hat seine Muskeln gegen eine andere Form von (intellektueller und wortmächtiger) Stärke eingetauscht, ohne dabei etwas zu verlieren: Resch Lakisch gewinnt bei diesem Tausch sogar eine Frau, die Schwester Rabbi Jochanans, verkörpert jedoch in Zukunft einen anderen Männlichkeitstyp.

Boyarin sieht in diesem Typus Mann ein rabbinisches Konstrukt der ersten Jahrhunderte als Gegenreaktion auf die damals vorherrschende Männlichkeit. Sozusagen eine Aneignung *ex post facto* der auf die Juden projizierten römischen Norm: das Bild der physischen und politischen Ohnmacht. Irgendwann hätten die Rabbiner diesen Blick der Außenwelt verarbeitet und eingefordert, nicht als Benachteiligung, sondern als Stärke und Behauptung gegen einen nicht-jüdischen Archetypus, der ihnen als Antimodell dienen sollte. Zunehmend priesen sie als Gegenbild zum Gladiator oder Legionär eine sanfte Männlichkeit und verfestigten für sich damit gleichzeitig das körperliche Klischee des Nicht-Juden. »Die Juden brauchten ein Bild, gegen das sie sich definieren konnten«, schreibt Boyarin, »und schufen so die hyperbolische Gestalt des ›Goi‹ – praktisch als seitenverkehrtes Bild ihrer eigenen Norm.« Diese Konfrontation verschiedener Männlichkeitsvorstellungen rührt nicht zuletzt auch an die Beschneidungspraxis, die von den Römern als eine Form der Kastration verabscheut wurde.

Die atypische Geschlechtlichkeit des jüdischen Mannes hätte demnach als Form des Widerstands gedient und eine potenzielle Benachteiligung in eine Stärkung der Identität verwandelt: dem Juden Feinsinnigkeit, Schlauheit und Wortgewandtheit, dem Goi Muskelkraft, Vulgarität und Waffenhandhabung. Und so hätte die literarische Karikatur des Nicht-Juden dem Unterlegenen der Geschichte erlaubt, seine Ehre und Würde wiederherzustellen.

In der Sprache finden sich in Form von Metaphern oder überraschenden idiomatischen Wendungen noch immer vereinzelte Relikte dieser Konfrontation. Auf Jiddisch wird der Daumen, der »dicke«, zum Greifen benötigte Finger, manchmal Goi genannt. Umgekehrt gibt es im Französischen zum Beispiel den antisemitischen Ausdruck *coup du petit Juif* (*Coup des kleinen Juden*): Gemeint ist damit der im Deutschen als Schlag auf den Musikantenknochen bekannte Schmerz, der uns heimtückisch überkommt und oft bis in den kleinen Finger ausstrahlt.

DER WEIBLICHE JUDE

Ist die »Verweiblichung« der jüdischen Männlichkeit also eine einfache Reaktion auf die bestehende Herrschaft? Nur eine Nachwirkung des Widerstands und Widerwillens, oder gab es sie auch schon vor der Konfrontation mit der römischen Welt?

Dem Bibelleser geben hier die Bücher der Propheten Auskunft. Hosea, Jesaja und viele andere sind erstaunlicherweise der gleichen Allegorie verbunden: Das Verhältnis des jüdischen Volkes zu Gott wird immer als ein eheliches geschildert. Es geht um eine Liebesgeschichte, die auf dem Berg Sinai besiegelt und anschließend auf die Probe gestellt wird. Wie jede Liebesbeziehung kennt auch diese Höhen und Tiefen. Das Volk wird abwechselnd als treu, rebellisch, unterwürfig oder ehebrecherisch beschrieben und in seinem Verhältnis zu einem männlichen Gott stets als weiblich. Die Allegorie der Liebenden verweist auf die berühmtesten Liebeslieder der Bibel, die als das sogenannte Hohelied bekannt sind: Das Verhältnis zwischen Schäferin und Schäfer personifiziert die Bindung Israels an seinen Gott. In all diesen prophetischen Schriften trägt das jüdische Volk die Züge einer Frau, die in eine Beziehung zum männlichen Transzendenten tritt.

In der Bibel gibt es durchaus Figuren, die wie Samson oder Josua als wohlproportionierte mächtige Krieger oder Hohepriester die männliche Kraft symbolisieren. Diese Männer werden von den Rabbinern jedoch nie als Identifikationsmodelle herangezogen.

Ihre Lieblingsgestalten, zu denen sie täglich beten, sind aus einem anderen Holz geschnitzt: verletzlich, nicht selten sogar in irgendeiner Form körperlich beeinträchtigt. Sie glänzen nicht durch Körperkraft und schon gar nicht durch Unbesiegbarkeit.

Abraham ist unfruchtbar und damit in einer patriarchalen Gesellschaft, in der die Nachkommenschaft als göttlicher Segen gilt, eindeutig stigmatisiert. Isaak wird als blind, schwach und manipulierbar dargestellt. Jakob als labiler und ängstlicher Sohn, der später zu einem hinkenden Mann wird. Moses schließlich als Stotterer.

Keiner dieser Männer verkörpert eine Hypermännlichkeit oder ausgeprägte Muskelkraft, vielmehr symbolisieren sie alle die Fähigkeit, ihre Behinderung zu überwinden und Widerstandsfähigkeit zu beweisen. Obwohl diese Helden keine Frauen sind, werden sie in den Schriften deutlich mit der weiblichen Welt assoziiert: Sie stehen bewusst zu ihren Schwachstellen und ziehen daraus ihre Wirkungsmacht und Legitimation. Ihre Führerschaft nährt sich aus ihren Schwächen, als gründete sich ihre Macht auf ebenjener bezähmten Verletzlichkeit, auf diesem »Weniger«, das für sie letztlich zu einem »Mehr« wird.

Auch die jüdischen Bräuche leben von der Idee der identitätsstiftenden Schwachstelle und spielen den Bruch in unzähligen Varianten nach. Angefangen bei der Beschneidung, bei der ein kleiner Junge am achten Lebenstag sein Bündnis mit Gott besiegelt und ihm in einem traditionellen Verfahren die Vorhaut entfernt wird, während eine altüberlieferte Liturgie rezitiert wird. In einer merkwürdigen Umkehrung der Geschlechter stehen die betreffenden Verse alle in der weiblichen Form: »Ich habe dich in deinem Blut (weibliche Form) gesehen ... Ich habe gesagt: Dank deines Bluts wirst du leben (weibliche Form).« (Ezechiel, 16:6)

Aufgrund dieser Tatsache deuten manche Exegeten[38] das Beschneidungsritual als symbolische Einschreibung des

Weiblichen in den Körper des männlichen Neugeborenen. Die Höhle, das Loch heißt auf Hebräisch bekanntlich *nekeva*, was auch für das Weibliche steht. Künftig ist in dem Jungen eine Leere angelegt, die erst durch den Mangel eine Brücke zum Transzendenten schafft. Das Judentum behauptet zwar nicht, dass dieses Verhältnis allein den Juden vorbehalten sei, impliziert jedoch, dass so das Bewusstsein dafür ritualisiert und weitergegeben werden kann.

Für die Rabbiner ist die Beschneidung in keinem Fall eine Kastration. Vielmehr ein Übergangsritus, der die Möglichkeit einer wahren jüdischen Männlichkeit eröffnet, so als »phallisierte« erst das Abtrennen der Vorhaut den jüdischen Mann. Indem die Beschneidung etwas wegnimmt, schafft sie die Voraussetzungen für eine Beziehung zu etwas Höherem.

AUF EINEN ABGRUND BAUEN

Der merkwürdige Ansatz des rabbinischen Judentums setzt voraus, dass die Identität auf dem Abgetrennten, auf einem für Zugehörigkeit sorgenden »Weniger« beruht.

Möglicherweise kann diese Vorstellung nur deshalb den Schlussstein des jüdischen Gedankengebäudes bilden, weil sie historisch gesehen auf dem bedeutsamen Verlust des Jerusalemer Tempels beruht.

Das rabbinische Denken ist ein posttraumatisches Denken, das in einer Zeit tiefer Trauer seinen Aufschwung genommen hat. Im Jahr 70 n. Chr. endete das jüdische Hohepriestertum, und sein zentraler Kultort fiel der Zerstörung anheim. Es galt nun, die Katastrophe theologisch zu bewältigen: Wie lässt sich erklären, dass ein Gott den Untergang seines Heiligtums einfach geschehen lässt? Die göttliche Allgegenwart rechtfertigt jedenfalls nicht, dass Gott tatenlos der Verwüstung seines Tempels und der Schändung seiner Stadt zusieht.

Künftig bezieht sich das rabbinische Denken, insbesondere das der Mystiker, auf die Vorstellung vom »Rückzug« des Göttlichen als Anwesenheit in der Abwesenheit, die das Religiöse erst begründet.

Das kluge Vorgehen der Rabbiner besteht also darin, aus der eigenen Schwachstelle eine Tugend zu machen und damit einem ganzen Volk seinen Neubeginn über den Bruch mit der vergangenen Welt zu ermöglichen.

In dieser Hinsicht ist das Judentum das Kind einer Bruchstelle, das Relikt eines Zusammenbruchs. Es baut über einem absichtlich unverschlossen bleibenden Abgrund auf. Es verwandelt das, was zu seiner Zerstörung hätte führen können, in eine regenerierende, in sämtlichen Ritualen präsente Kraft. So ist zum Beispiel keine jüdische Hochzeit denkbar, bei der diese Bruchstelle nicht in einem zerschellenden Glas anklingt. Dabei geht es nicht einfach darum, eine schmerzliche Vergangenheit heraufzubeschwören, die zweitausend Jahre zurückliegende Zerstörung des Tempels, sondern das werdende Paar, jede künftige Konstruktion, daran zu erinnern, dass sich *das jüdische Leben nur im Bewusstsein seiner Versehrtheit, sei-*

nes eigentlichen Fundaments, entfalten kann. Erst durch einen Mangel entsteht ein definierter Wille; alles Wollen, das Zukunft ermöglicht.

Sehr viel später sollte Sigmund Freud schreiben: »Erst seit dem Zerfall des sichtbaren Tempels ist der unsichtbare Bau des Judentums möglich geworden.«[39]

Insofern appelliert das Judentum an ein ganzes Volk, sich jenseits dieses unsichtbaren Baus in Bewegung zu setzen und anderswo zu existieren, nicht durch die Ausbesserung oder Erneuerung des nämlichen Baus, sondern durch die Konstruktion über seine Bruchstelle hinweg.

Stets konstruiert sich die jüdische Identität auf Ruinen und in dem Bewusstsein, dass sie an einen inneren Spalt geknüpft ist. »Wenn die Identität des Juden darin besteht, nicht mit sich selbst identisch zu sein«, schreibt Derrida, »ist sie zwangsläufig entortet.«[40]

Warum aber ist das Judentum, wenn es seine Identität auf einen Mangel und eine unsichtbare Entortung gründet, anderen so verhasst? Welcher Zusammenhang besteht zwischen dieser »Theologie der Leere«, der Religiosität einer Abwesenheit, und der antisemitischen Obsession?

Paradoxerweise wird Freuds unsichtbarer Bau zum Garanten für den Fortbestand des Judentums. Durch die jüdische Glaubenskonstruktion über der Bruchstelle entsteht ein nahezu unverwüstliches System. Und genau das werfen die Antisemiten den Juden und dem Judentum im Laufe der Geschichte vor: ihre Unverwüstlichkeit.

Mit Sicherheit zählt jene Widerstandsfähigkeit zu den Geheimnissen der jüdischen Langlebigkeit. Der Mangel, über den die Juden sich definieren, ist unzerstörbar, solange er nicht nach Erfüllung strebt. Gleichzeitig appelliert er an die menschliche Versuchung, ihn zu überwinden.

Der Antisemit versucht verzweifelt, die identitäre Schwachstelle loszuwerden. Der Psychoanalytiker Daniel Sibony sieht in diesem Mangel – den der Jude auf sich nimmt oder der von außen auf ihn projiziert wird – den Dreh- und Angelpunkt des »antisemitischen Rätsels«.

»Wer sich weigert, innerhalb der eigenen Identität ein Dazwischen zu erkennen und zu akzeptieren«, schreibt er, »wird oder ist praktisch schon Antisemit ... Wer die Juden hasst, hasst vor allem seine eigene identitäre Schwachstelle.«[41] Der Antisemit ist überzeugt, dass er nur die Juden loswerden muss, um die ersehnte Fülle zu verspüren. Der Hass gegen die Juden dient gewissermaßen als Lückenfüller.

Der Psychoanalytiker Fethi Benslama betreut radikalisierte islamische Jugendliche, die für antisemitische Rhetorik extrem empfänglich sind. Auch er beobachtet eine obsessive Angst vor der Schwachstelle: »Wenn die Jugendlichen auf das Radikalisierungsangebot stoßen, das ihnen ein umfassendes Ideal, die heldenhafte Mission für eine heilige Sache in Aussicht stellt, heben sie förmlich ab, sie haben das Gefühl, mächtig zu werden, ihre Schwachstellen sind gekittet, ihrer Himmelfahrt steht nichts mehr entgegen.«[42]

HABEN ODER NICHT HABEN, DAS IST DIE FRAGE

Der Judenhass beruht auf einer paradoxen Anklage.

Auf den ersten Blick hält der Antisemit dem Juden permanent vor, etwas zu haben, was ihm selbst fehlt. Der Jude hingegen *hat* Macht, Geld, Glück oder eben das Leben, das der Antisemit auch gerne hätte. Er scheint irgendetwas vom Rest der Menschheit zu beschlagnahmen, widerrechtlich den Anteil eines anderen an sich zu reißen oder aber eine Gemeinschaft am Einswerden zu hindern.

Gleichzeitig wird er von manchen nicht als »rechtmäßiger Mann« erachtet. Er ist derjenige, der *keine* umfassende Männlichkeit besitzt und die Grenzen der Gruppe mit der von ihm verkörperten Abtrennung gefährdet. Er ist der Mangel, das Schmutzige, der Riss; er wirft den Antisemiten auf seine Kastrationsangst zurück. Er erinnert an die identitäre Schwachstelle, an den Seinsmangel und an alles, was seinen Gegner daran zu hindern scheint, ganz er selbst zu werden.

Paradoxerweise wirft also der Antisemit dem Juden vor, etwas zu *haben*, was er selbst nicht hat … gleichzeitig aber auch, etwas *nicht zu haben* (was auch er nicht hat) und mit diesem Verzicht gut zurechtzukommen.[43] Der Jude repräsentiert nicht nur die Unmöglichkeit einer unfehlbaren Identität, nicht nur die Leere, die man selbst gerne loswerden würde: Er lebt damit, ja er *über*-lebt damit – im Sinne einer besonderen Langlebigkeit wie einer vermehrten Intensität – und macht dies zum Fundament seiner endlosen Wiedergeburt.

KAPITEL 4

ANTISEMITISMUS
ALS WAHLKAMPF

> »Ich gehöre jenem Volk an, das oft
> als auserwählt bezeichnet worden ist …
> Auserwählt? Sagen wir lieber:
> in die Stichwahl gekommen.«
>
> *Tristan Bernard, 1942*

Damit befinden wir uns im Herzen eines der Hauptmotive des Antisemitismus, dem umstrittenen jüdischen Auserwähltsein. Durch Missverständnisse oder Böswilligkeiten aufgebauscht, gilt es dem Antisemiten gerne als demokratische Rechtfertigung seines Zorns. Wer sind bloß diese Menschen, die meinen, sie seien besser als wir?, fragt er. Häufig wehrt er sich angeblich im Namen der Gleichheit oder Gerechtigkeit gegen die jüdische Arroganz, die der menschlichen Harmonie und dem Triumph des Universellen im Weg stehe.

Egal, dass es dem Judentum nicht richtig gelingt, den Sinn des ihm anhängenden Etiketts zu definieren. Egal, dass dieses Etikett ausufernd kommentiert worden ist, ohne je von den Gelehrten als Ausdruck einer wesenhaften Überlegenheit gedeutet worden zu sein. Der Antisemit weiß oft besser als der Jude, was sich dahinter versteckt und wovon es die anderen ausschließt.

Beginnen wir mit dem hebräischen Begriff und seinem ursprünglichen Verwendungskontext.

In der Bibel bekräftigt Gott, dass er mit den Hebräern eine besondere Verbindung, den sogenannten Bund, eingehe. Er erklärt Israel zu seinem »geliebten Kind«, zu einer Gruppe von Menschen, mit der er eine besondere Beziehung besiegelt. Eine so explizite Bindung zwischen einem Volk und seinem Gott ist an sich nichts Außergewöhnliches. Zahlreiche menschliche Gruppen, Stämme oder Clans sind überzeugt, zu ihrer Gottheit eine privilegierte Beziehung zu unterhalten. In den meisten Gründungsmythen der antiken Gesellschaften pflegt eine Gottheit eine besondere Beziehung zu einem Kollektiv, dem sie damit einen exklusiven Schutz garantiert.

Die Bibel übrigens behauptet mit der Stimme der Propheten, dass Gott nicht nur zu Israel, sondern auch zu anderen Völkern eine enge Beziehung knüpfe: »Seid ihr mir nicht wie die Kinder der Äthiopier, Kinder Israel?, spricht Jehova. Habe ich nicht Israel aus dem Lande Ägypten heraufgeführt, und die Philister aus Kaphtor und die Syrer aus Kir?« (Amos, 9:7)

Diese Bibelstelle aus der Prophezeiung des Amos relativiert die Ausschließlichkeit der angeblichen Verbindung zwischen Gott und dem hebräischen Volk beträchtlich. Genau diese Passage wird immer dann in den Synagogen gesungen, wenn ein Auszug aus dem Levitikus gelesen wird, in dem von der Ausgrenzung des hebräischen Volks die Rede ist: »Ihr aber sollt mir als ein Reich von Priestern und als ein heiliges Volk gehören« (Exodus, 19:6). Mit anderen Worten: Wenn die

Juden in ihren Synagogen sagen: »Wir sind anders«, lesen sie gleichzeitig einen Text, der sagt: »Ja, aber wir sind nicht die Einzigen!«

Die spezifische Beziehung Gottes zum Volk Israel ist demnach nicht leicht zu analysieren. Worin besteht diese besondere Mission? Mal wird sie als Pflicht begriffen, als eine zu erfüllende Aufgabe, oder als kollektive Verantwortung, die den Rest der Welt von dieser Mission entbindet. Dann wieder wird sie als Zeugnis definiert, welches das Volk Israel durch seine Anwesenheit gegenüber der gesamten Menschheit ablegen soll. Jenes Auserwähltsein jedenfalls wird in der Thora nie als wesenhafte Überlegenheit beschrieben.

EIN SELBSTSICHERES, HERRISCHES VOLK

Nicht zuletzt ist der Ausdruck des auserwählten Volkes, auf Hebräisch *am segula*, eine sehr unzulängliche Übersetzung des hebräischen Begriffs. Er bedeutet Schatz-Volk, Medikamenten-Volk, unterschiedenes oder auch unterscheidungsfähiges Volk. Der hebräischen Vieldeutigkeit zufolge sind all diese Übersetzungen möglich, ohne dass sich eine zwingend aufdrängen würde. Wie soll ein Volk ein wertvolles Medikament oder eine Therapie sein? Ja, was sollte es behandeln oder unterscheiden? Und vor allem: Inwiefern wäre dieses Attribut ein Privileg?

Die Juden nehmen sich die Freiheit, ihr vermeintliches

Auserwähltsein zu hinterfragen, während die Antisemiten seltsamerweise deutlich weniger Zweifel daran zu hegen scheinen. Es ist, als glaubten sie häufig viel wörtlicher an die jüdischen Texte als die Juden selbst. Im Lichte ihrer Geschichte neigen Letztere eher zu der Schlussfolgerung: »Wenn uns aufgrund unseres Auserwähltseins tatsächlich ein Platz an der Sonne gebührte, wäre das kein Geheimnis!« Aber was soll's, andere glauben hartnäckig daran und machen ihnen diese ausschließliche und ausschließende Überlegenheit zum Vorwurf.

Ein berühmter Witz erzählt von zwei Juden, die nebeneinander auf einer Bank sitzen und Zeitung lesen. Plötzlich merkt einer der beiden, dass sein Nachbar ein antisemitisches Blatt aufgeschlagen hat.

»Wie kannst du nur dieses Machwerk lesen?«, fragt er.

»Das beruhigt mich, ehrlich gesagt«, entgegnet der andere. »In dieser Zeitung behaupten sie nämlich, dass wir Juden Macht hätten und Geld und dass wir die Welt beherrschen. Wenn das mal stimmte …«

Die Vorstellung vom jüdischen Auserwähltsein fördert das Zerrbild des arroganten und machtbewussten Juden. Unabhängig von seinen Daseinsbedingungen oder dem Grad seiner Verletzlichkeit trägt er die Last des Privilegs, das ihm zugeschrieben oder direkt aus der Bibel abgeleitet wird.

Letztlich ist das Problem des Auserwähltseins nicht unbedingt ein jüdisches. Sigmund Freud schreibt 1938 in *Der Mann Moses und die monotheistische Religion*: »Ich wage die

Behauptung, daß die Eifersucht auf das Volk, welches sich für das erstgeborene, bevorzugte Kind Gottvaters ausgab, bei den anderen heute noch nicht überwunden ist, so als ob sie dem Anspruch Glauben geschenkt hätten.«[44]

Für den Vater der Psychoanalyse besteht das Problem also nicht darin, zu wissen, was die Juden glauben, sondern darin, warum manche Nicht-Juden noch mehr daran glauben. Nicht der Anspruch der Juden steht im Vordergrund, sondern der Glaube der anderen an diesen Anspruch.

Die von Freud benutzte Familienmetapher ist durchaus aussagekräftig. In Wirklichkeit nämlich spiegeln sich in der Frage des Auserwähltseins sowohl der Bezug zu den Ursprüngen als auch das Problem der Position innerhalb der – in diesem Falle monotheistischen – Familie. Der »Zuerstgekommene« hat leichtes Spiel: »Ich weiß nicht genau, worin die Vertrautheit und das Vertrauen bestehen, die Gott mir in der Schrift zugesteht, und ich versichere euch: Es hat keine große Bedeutung.« Diese Frage bleibt auch für den Nachgekommenen aktuell, der sich ebenfalls auf das Erbe der ursprünglichen Offenbarung beruft und in der Kontinuität einer Botschaft steht, die vor ihm ein anderer empfangen hat.

Insofern kann das Auserwähltsein als Vorrecht der Geburt erscheinen, als Erstgeburtsrecht, das den Nachkommenden die Frage nach dem Platz *ihrer eigenen* Beziehung zum Göttlichen aufgibt.

Dem »Nachgeborenen« stehen verschiedene Strategien zur Verfügung, um das Auserwähltsein auch auf sich selbst zu beziehen oder eine ähnlich intensive Verbindung zum Transzendenten zu knüpfen: Er kann sagen, Gott sei durchaus noch zu anderen Bünden fähig, so wie Eltern immer auch mehrere Kinder lieben könnten; oder er erklärt kurzerhand die erste Beziehung für nichtig. Wie in jeder Familie kann der Jüngere einen machtvollen, neuartigen Segen nutzen oder aber dem Älteren vorwerfen, das Erbe verraten und veruntreut zu haben. Leider scheint im Laufe der Geschichte häufiger die zweite Variante zum Tragen gekommen zu sein. Die Fragen des Auserwähltseins und des Erstgeburtsrechts sind untrennbar miteinander verknüpft, weil beide die brüderliche Rivalität und das Verhältnis zu den Ursprüngen hinterfragen. Sie sind in den interreligiösen Spannungen aller Epochen omnipräsent und für die fundamentalistischen Stimmen aller Traditionen unerträglich. Der Fundamentalist nämlich zeichnet sich durch die Behauptung aus, dass der Ursprung seiner Tradition rein und niemand anderem zu verdanken sei – wie könnte er also zugeben, dass ein anderer die Botschaft rechtmäßig ohne ihn oder vor ihm gehört und ihm erst aus zweiter Hand übermittelt haben soll?

Nicht zuletzt stellt das Auserwähltsein die entscheidende Frage nach der Offenbarung: Was genau hat der Erste gehört, und warum war er zu diesem Zweck allein geladen? Das nicht-proselytische Judentum – das anders als das Christentum oder der Islam keinen universellen Anspruch erhebt – nährt bei manchen den Verdacht einer erschlichenen Botschaft. Was genau haben die Juden in der Wüste gehört, und warum sollten sie sich weigern, die (frohe) Botschaft an alle weiterzugeben?

HAUSIERER

Ja warum eigentlich die Juden? Diese Frage wird – und das durchaus mit Humor – in zahlreichen rabbinischen Legenden gestellt.

Einer dieser Legenden zufolge soll Gott, bevor er den Israeliten die Thora aushändigte, an sämtliche Türen geklopft haben, um anderen Nationen seinen Bund und die Thora zu offerieren. Doch keine hätte gewollt, alle hätten ihn zurückgewiesen, bis die Israeliten irgendwann eingelenkt hätten (Midrasch Pesikta Rabbati). Humorvoll und frech erfinden die Rabbiner hier die Figur eines göttlichen Handelsvertreters, der hausieren gehen muss, um seinen Text im wahrsten Sinne des Wortes »unters Volk zu bringen«, wie ein Lexikon, das eigentlich keiner will. Wir sind also weit entfernt von den gottesfürchtigen Bildern traditioneller Frömmigkeit.

Nach einer anderen Talmudlegende waren die Hebräer nicht erpichter auf die Thora als die anderen, doch Gott hätte im Augenblick der Offenbarung den Berg Sinai wie einen Deckel über ihren Kopf gehalten und gesagt: »Entweder akzeptiert ihr die Thora, oder ich lasse diesen Berg fallen, und er wird euch zum Grab.«[45] Die Verhandlungen waren entsprechend erfolgreich.

Die Vorstellung eines Volks, auf das aus heiterem Himmel plötzlich die Offenbarung fällt, wird im Laufe der Geschichte in zahlreichen Gedichten verarbeitet. Jehuda Amichai zum Beispiel schreibt im 20. Jahrhundert: »Als Gott das Land verließ, vergaß er die Thora bei den Juden, seitdem suchen sie ihn, rufen ihm nach, du hast was vergessen, du hast was vergessen, mit lautem Geschrei, andere Menschen denken, dies sei das Gebet der Juden.«[46]

Ein auserwähltes Volk, das sich permanent selbst erzählt, wie gern es auf diesen Status eigentlich verzichtet hätte, präsentiert das Privileg des Auserwähltseins in einem besonderen Licht, meilenweit entfernt von der Arroganz oder wesenhaften Überlegenheit, die den Juden von den Antisemiten unterstellt wird. Die Juden wiederholen jedem, der es hören will, dass sie das Erhaltene nicht unbedingt mit Begeisterung aufgenommen hätten.

Was genau aber haben sie erhalten? Auch in diesem Punkt widersprechen sich die Legenden.

Der Tradition zufolge soll sich die Offenbarung irgendwo in einem wüstenartigen Niemandsland zwischen Ägypten und dem Gelobten Land ereignet haben. Dieser Moment heißt auf Hebräisch *hitgalut*, ein Wort, dessen Wurzel auch Verbannung, *galut,* bedeutet. Gott offenbart sich folglich an einem Ort der Exterritorialität, auf dem Berg Sinai, den niemand genau auf einer Karte einzuordnen weiß, der niemandem gehört und auf dem alle unterwegs zu einem Anderswo sind. Gott manifestiert sich nicht im Kerngebiet eines Volks, damit nach rabbinischer Ansicht niemand sagen kann: Es war bei mir! Gott hat in meinem Haus gesprochen!

Die Gesamtheit des israelitischen Volks, diese Generation emanzipierter Sklaven, hat sich am Fuß des Berges versammelt, der Tradition zufolge jedoch nicht allein. Mit zugegen sind angeblich nicht nur die Anwesenden, sondern auch die Abwesenden: alle verstorbenen oder noch nicht geborenen jüdischen Generationen, die vergangenen oder zukünftigen Seelen. Sie alle, eine generationenübergreifende Kohorte, wollen das Gesetz hören und empfangen.

Damit werden die Dinge kompliziert. Über dieses zentrale Ereignis im Zentrum des jüdischen Denkens breitet sich ein riesiger literarischer Grauschleier. Es existiert keine offizielle Version, keine Erklärung dessen, was an jenem Tag tatsächlich ausgehändigt oder offenbart worden ist. Und der exakte Inhalt der Offenbarung ist Gegenstand einer umfangreichen schriftlichen Auslegung, die das Gehörte stets in der Schwebe lässt.

EINE SONDERBARE OFFENBARUNG

Die Hypothesen sind zahlreich. Wurde den Israeliten die geschriebene Thora, so wie sie bis heute gelesen, überliefert und kommentiert wird, in Form der sorgfältig in den Synagogen aufbewahrten Rollen ausgehändigt? Nein, antworten die Gelehrten, gleichzeitig mit der mündlichen Thora sei auch eine schriftliche offenbart worden: Der Kommentar soll parallel zur Schrift (manche sagen sogar davor) erschienen sein, sodass die Hebräer nicht als Volk der Schrift, sondern als Volk der Schrift*auslegung* – die Formulierung stammt von Armand Abécassis – zu sehen seien. An jenem Tag hätten die Hebräer nicht nur das geschriebene Gesetz empfangen, sondern, einem sonderbaren überhistorischen Phänomen gehorchend, auch sämtliche Kommentare, die später erst die gesamte Schrift bilden sollten. Alles, was eines fernen Tages von einem Gelehrten gedeutet wird, ist der Legende nach bereits Moses am Berg Sinai offenbart worden.

Diese Lesart der Offenbarung lässt sich als maximalistischer Ansatz beschreiben. Alles, was einmal gesagt werden wird, ist im Keim bereits in jenem Gründungsmoment enthalten.

Andere Exegeten sind vorsichtiger und behaupten, dass am Berg Sinai dem Volk nicht alles offenbart worden sei, sondern nur das, was für gewöhnlich als Zehn Gebote oder Zehn Worte bezeichnet wird, eine biblische Ethik in zehn Punkten als Basis oder Fundament der gesamten Offenbarung. *Ich bin der Ewige, dein Gott … Du sollst nicht töten … Du sollst nicht stehlen …*

Keineswegs, entgegnen andere Exegeten in dieser nie abgeschlossenen Diskussion. Am Berg Sinai haben wir nur die beiden ersten der Zehn Gebote gehört. Wenn uns nicht sogar, schalten sich wieder andere ein, nur das erste anvertraut worden ist: »Ich bin der Ewige, dein Gott, der dich aus Ägypten geführt hat, dem Sklavenhaus.« In erster Linie bestehe die Offenbarung am Berg Sinai also in der Verkündung einer Befreiung und der Anerkennung eines emanzipatorischen Gottes. Die Offenbarung wäre demnach der andere Name für diese Befreiung.

Nicht ganz, erklären andere Exegeten der Tradition: Das am Berg Sinai versammelte hebräische Volk habe in Wirklichkeit nur ein einziges Wort gehört. Das erste Wort im ersten Satz der Zehn Gebote: *Anokh'i, Ich bin* … Darin bestehe das Geheimnis der Offenbarung: nicht in der geschriebenen oder kommentierten Thora, nicht in einer Liste ethischer Vorschriften, sondern in der Verkündung einer Existenz, eines göttlichen Ichs, die in der Wüste widerhallt und ein ganzes Volk zum Zeugen hat.

Es sei denn, nehmen ihrerseits die Kabbalisten den Faden auf, das Volk habe am Berg Sinai nur einen einzigen Buchstaben gehört. Nämlich den ersten Buchstaben des ersten Wortes im ersten Gebot des Dekalogs. Die mit sämtlichen Generationen am Fuß des Berges versammelten Hebräer sollen nur einen einzigen Laut vernommen haben, und zwar nicht irgendeinen, sondern den ersten Buchstaben des Wortes *Anokh'i*, also Aleph … ein stimmloses grafisches Zeichen.[47]

Am Berg Sinai, dem Ort der wichtigsten Offenbarung des Judentums, versammelt sich das Volk, um … nichts zu hören. Nichts als Schweigen. Das größte Schweigen aller Zeiten, das einen Nachhall in der ganzen Welt findet. Welches Privileg für ein auserwähltes Volk, als einziges eingeladen zu sein … um nichts zu hören!

Er gebe zu bedenken, ruft hier Gershom Scholem, ein weiterer Meister der jüdischen Mystik, dass das *Aleph* im Grunde genommen nicht stumm sei: »Der Konsonant Aleph stellt nämlich im Hebräischen nichts anderes dar als den laryngalen Stimmeinsatz (entsprechend dem griechischen *spiritus lenis*), der einem Vokal am Wortanfang vorausgeht. Das Aleph stellt also gleichsam das Element dar, aus dem jeder artikulierte Laut stammt.«[48]

Für Rabbi Mendel von Rymanow müsse es demnach in allen Passagen der Offenbarung, in denen die Israeliten angeblich Worte hörten, eigentlich heißen, dass sie unartikulierte Laute hörten.

So gesehen war die Offenbarung auf dem Berg Sinai weder ein Laut noch ein Schweigen, sondern lediglich die Möglichkeit eines Lauts, ein noch unartikuliertes Wort. Die Offenbarung war keine Stimme, sondern die Möglichkeit einer Stimme, der laryngale Stimmeinsatz, sprich der Beginn einer Möglichkeit des Sagens.

Am Berg Sinai waren die Hebräer Zeugen eines Sagen-Könnens, das nicht gleichbedeutend ist mit der schlichten Autonomie der Sprache, dem Logos der Griechen, sondern ein subtiles Zusammenspiel zwischen dem offenbarten Gesetz, also einer Heteronomie, und der Autonomie seiner Auslegung, ein Gleichgewicht zwischen Gesetzlichkeit und Freiheit.

Hier trifft sich der maximalistische mit dem minimalistischen Ansatz der Offenbarung. Beide Varianten gehen davon aus, dass der Anfang an einem unbestimmten, aber alle Generationen versammelnden Ort durch eine Unbestimmtheit geprägt ist: den Keim dessen, was einmal gesagt werden könnte. Damit wird die unendliche Möglichkeit der Sprache und der Auslegung offenbart, ein zu sagender Rest. Das Unausgesprochene verweist auf den Berg Sinai: Jeder, der sich in der Kontinuität dieser Worte begreift, weiß, dass sie von einem anderen, sehr viel Größeren stammen.

NICHT-ALLE UND NICHT-GANZ

Die Offenbarung sagt demnach also, dass nicht *alles* gesagt worden ist. Und das Auserwähltsein des jüdischen Volks ist eng damit verknüpft, genau wie der Hass, den es auslöst.

Unaufhörlich fragt die Welt die Juden: Warum behaltet ihr dieses Wort für euch? Warum weigert ihr euch, es zu teilen? Weshalb habt ihr es als Erste und »als Juden«, sprich als abgesondert, empfangen?

Es reicht nicht, wenn die Juden mit Überzeugung sagen: »Ihr könnt uns glauben, dass wir außer dem stummen Aleph nichts gehört haben!« Die Frage, warum dieser Streich ausgerechnet ihnen und nicht allen gespielt worden sei, bleibt bestehen. Und genau jenes »nicht-allen« bildet das Herzstück der antisemitischen Obsession.

Im Laufe der Geschichte sind die Juden stets als diejenigen wahrgenommen worden, die die Einheit gefährden, weil sich in ihren Riten, ihren Körpern oder ihrem Glauben Rückzug und Trennung spiegeln und damit die Verweigerung einer Gesamtheit.

»Dies erklärt sich«, schreibt Jean-Claude Milner, »aus ihren Riten und Bräuchen. Die Juden verhindern, dass konsequent alle Menschen mit einbezogen werden können. Sie verhindern die Anwendung des Gemeinsamen auf ihre Mitmenschen. Obwohl sie im Herzen der *Oikumene* (bewohntes Land) leben, fragmentieren sie die Menschheit. Solange sie überleben, … sind ›die Menschen‹ ein unzureichender Ausdruck; im wortwörtlichen Sinne gibt es keine Menschen …, es sei denn, man stellt zur Rettung des Gemeinsamen Vielfachen die Juden als Ausnahme dar.«[49]

Zahllose Projekte, Reiche, Religionen mit universellem Anspruch und Humanismen gründen auf der Vorstellung eines rettenden *Ganzen*, haben dies zu ihrer Wahrheit oder ihrem Heilsweg erklärt. Das Römische Reich, das Christentum, der Islam und die Philosophie der Aufklärung basieren zum Teil auf diesem Traum von Universalität oder Vollendung, von allem oder für alle. Doch fast unweigerlich stoßen sie sich in einem Moment ihrer Geschichte am »jüdischen Namen«, wie Milner ihn definiert, am Namen einer unmöglichen Gesamtheit. Und um das *Ganze* zu retten, gilt es, den Träger des »Nicht-Ganzen« als Ausnahme hinzustellen. Wenn die Antisemiten behaupten, dass »die Juden überall sind«, haben sie bis auf einen feinen Unterschied recht: In Wirklichkeit sind die Juden »nicht-ganz«[50], insofern sie ein größeres Kollektiv daran hindern, zu einem in sich geschlossenen »Wie-Eins« zu werden.

Jüdische Stimmen behaupten, das Unendliche im Wort Gottes gehört zu haben, der ihnen nicht nur bedeutet, »es ist nicht alles gesagt worden«, sondern vielmehr, »es bleibt noch alles zu sagen«. Sie behaupten, dass allein die Ausnahme den grandiosen universellen Drang eines totalitären Wahns schützen kann. Sie raunen der Welt oder dem Einzelnen zu, dass die Wahrheit nie die ganze Wahrheit sei. Sie sei stets fragmentiert oder aber korrumpiert.

Und jeder universelle Plan, der seine porösen Schwachstellen, die ihn konstituierenden Ausnahmen missachtet, ist der Gefahr der totalitären Versuchung ausgesetzt und droht, den Juden in eine Ausnahmestellung zu drängen, um das Ganze zu retten.

Was für das kollektive Projekt gilt, gilt auch für die individuelle Konstruktion: Der Antisemitismus versucht, sich über die Ausgrenzung des Juden zu konstruieren oder zu retten. So zumindest beschreibt Sartre ihn in seinen *Überlegungen zur Judenfrage*: Der Antisemit »ist ein Mensch, der Angst hat. Nicht vor dem Juden, gewiß: vor sich selbst, vor seinem Bewußtsein, vor seiner Freiheit, vor seinen Trieben, vor seiner Verantwortung, vor der Einsamkeit, vor der Veränderung, vor der Gesellschaft und der Welt; vor allem, *außer vor den Juden* ... der Mensch, der ein unbarmherziger Felsen, ein rasender Sturzbach, ein vernichtender Blitz sein will: *alles, nur kein Mensch.*«[51]

Antisemitismus konstruiert sich stets als *Ganzheits*angst und als *Ganzheits*traum, der den Juden als Ausnahme erscheinen lassen will. Sartres »außer vor den Juden« erlaubt dem Antisemiten, bequem »außen vor« zu bleiben.

Aus diesem Grund wird ihn das jüdische Auserwähltsein stets begeistern. Es grenzt eine Gruppe aus, die er, der Antisemit, bewusst ausgrenzt, um sich selbst zu definieren. Das Auserwähltsein fungiert in der Schrift der Juden als Beweis für das, was in seiner persönlichen Lesart bereits als gesichert gilt.

KAPITEL 5

DIE JÜDISCHE AUSNAHME

2003 führt Israel in einer Meinungsumfrage der Europäischen Kommission einen seltsamen Wettbewerb an. Ein repräsentativer Querschnitt von Personen soll sich zu einer Liste ausgewählter Länder äußern und sagen, welche Nation »die größte Gefahr für den Weltfrieden« darstelle. Israel rangiert dabei vor dem Iran, Irak und Nordkorea. Ein winziges Land als oberster Friedensstörer und Gefährder des friedlichen Zusammenlebens auf der Welt ... Diese Rangordnung stimmt nachdenklich: Wird Israel tatsächlich als Bedrohung für das, was es ist, aufgefasst oder für das, was es bei seinen Nachbarn auslöst? Ist es *per se* gefährlich oder erst durch das, was es bei seinen Feinden bewirkt?

Ein Anknüpfungspunkt an die bereits erwähnte These von Jean-Claude Milner: Die *Juden* (für viele heutzutage mit Israel gleichbedeutend) stehen für das, was die Gruppe oder die Welt daran hindert, *eins* zu sein und sich zu einer befriedeten Gesamtheit zu fügen. Sie sind das, was den Frieden im hebräischen Sinne – *Schalom* bedeutet wörtlich Unversehrtheit, Vollkommenheit – verhindert. Damit die Welt in Frieden leben kann, muss sie das von den Juden verkörperte Trennende loswerden.

Rom, die christliche Welt und Deutschland waren zu einem bestimmten Zeitpunkt ihrer Geschichte von dieser Sichtweise überzeugt. Die Existenz des Staates Israel scheint diese Bedrohung zu reaktivieren und das erträumte Einvernehmen zu zerstören. »Wenn nur Israel nicht wäre«, scheinen die Befragten zu murmeln, gäbe es in der Welt zumindest annäherungsweise ein *Ganzes*, Vollständiges. Genau diese beeinträchtigte Integrität wird auch von einem Teil der arabischen Welt beschworen: Ohne Israel wäre das *Umma* (Gemeinschaft aller Muslime) intakt und wundersam versöhnt.

Israel dürfe allerdings nicht zwingend mit den Juden gleichgesetzt werden, wird manch einer einwenden. Das stimmt natürlich. Aber die permanente Verwechslung der beiden Begriffe spielt unbestritten eine Schlüsselrolle in jenem Konflikt.

Diese Tatsache ist vielen arabischen Intellektuellen bewusst, darunter auch Edward Said, der wiederholt bekräftigt hat, dass der Erfolg der palästinensischen Sache stark von der Identität des Gegenlagers abhänge. Dieser Konflikt hätte ihm zufolge nie die gleiche Aufmerksamkeit bekommen, wenn nicht ausgerechnet die Juden die Feinde gewesen wären.

Der Historiker Yuval Harari relativiert humorvoll die jüdische Macht und macht sich über die Obsession der Antisemiten lustig: »Am liebsten würde ich ihnen sagen: Beruhigt euch! Die Juden sind interessante Menschen, aber wenn man die Geschichte ein bisschen genauer in den Blick nimmt, muss man zugeben, dass ihre Wirkung auf die Welt im Vergleich zu all den Religionen, die Milliarden von Menschen beeinflusst haben, durchaus eingeschränkt ist. Da täte also ein bisschen Bescheidenheit not.«[52]

Fest steht jedoch, dass sozusagen ein Mikro-Volk und ein Mikro-Gebiet völlig unverhältnismäßig die leidenschaftlichsten Debatten auf internationaler Ebene entfachen.

Die Israel-Frage wird bei manchen zur fixen Idee, und es wäre ebenso naiv wie unehrlich zu behaupten, dass die Bezeichnung Jude mit all ihren geschichtlichen Konnotationen nichts damit zu tun hätte. Die symbolische Tragweite der Bezeichnung führt ein Eigenleben und wirkt sich zwangsläufig auf die von Israel erfahrene Ablehnung aus.

Seit geraumer Zeit lässt sich jedoch eine denkwürdige Verwandlung beobachten: Kurz nach dem Holocaust verkörperten die Juden in Europa eine unterdrückte, verletzliche Minderheit; Israel dementsprechend den legitimen Zufluchtsort für ein Volk, das Europa nicht hatte retten können oder wollen. Ein paar Jahrzehnte später hat sich Israel für viele in eine unterdrückerische und kolonisatorische Militärmacht verwandelt, in ein Land, dessen Gründung Europa aus schlechtem Gewissen zugelassen hat. Zionistische Juden können in Europa kaum noch Sympathiepunkte sammeln.

Für zahlreiche Europäer ist der Zionismus von einem emanzipatorischen und selbstbestimmten Projekt eines nationalen Zufluchtsorts für die Juden zu einem System kolonialer Unterdrückung und Unterwerfung der Schwächeren geworden. Und dieser Wandel bestätigt den Diskurs all derer, die Israel weniger seine Politik als vielmehr seine Existenz vorwerfen.

Der Staat Israel ist durchaus mitverantwortlich für jenen Gesinnungswandel. Denn sicherlich ist der allgemeine Sympathieverlust mit den politischen Entscheidungen seiner Regierungschefs und den ultranationalistischen oder messianischen Entgleisungen eines Teils der politischen Klasse verknüpft; oder besser: unverhältnismäßig eng verknüpft.

Welche nationalistische oder expansionistische Politik auf der Welt hinterfragt schon die Rechtmäßigkeit der dahinterstehenden Nation?

Weshalb löst der Besuch israelischer Prominenter, Künstler oder Schriftsteller an europäischen oder amerikanischen Universitäten im Unterschied zu russischen, chinesischen oder iranischen Gästen Demonstrationen aus?

Egal welchen Standpunkt man in diesem Konflikt einnimmt, ob man begrifflich zwischen Antisemitismus und Antizionismus unterscheidet, ja, ob man sich überhaupt auf eine gültige Definition des Zionismus verständigt[53], man muss doch zugeben, dass einzelne Motive der obsessiven Israelkritik starke Anklänge an den traditionellen Diskurs der Antisemiten zeigen.

Früher wurde den Juden vorgeworfen, das Kaiserreich, die Nation oder das Volk zu unterwandern. Sie ruinierten deren Einheit und »kontaminierten« sie mit ihrer fremden Anwesenheit, ihrer Lebensweise oder ihren Glaubensinhalten.

Heute wird Israel vorgeworfen, die Kontinuität der arabischen Welt zu gefährden: mit seiner fremden Anwesenheit und seinem Status als westliche »Einpflanzung« mitten in einer arabischen Einheit, der es, wie jeder weiß, ohne Israel ganz prächtig gehen würde ... Folglich werden diejenigen Juden, die sich als Zionisten bezeichnen, von der übrigen Welt als Komplizen jener Zersplitterung wahrgenommen, die sich mutmaßlich zu einer weltweiten auswachsen könnte.

Die gegen die Juden erhobenen Anklagen antworten häufig in irgendeiner Form auf die Geschichte der Anklagenden. Die antizionistische Rhetorik in Frankreich und Großbritannien macht Israel zu einem kolonialistischen Unternehmen; in den Vereinigten Staaten hallt der Vorwurf des rassistischen Staates nach, und in Südafrika denkt man an die Apartheid: Die antizionistische Kritik trägt allenthalben autobiografische Züge.

Das Bild der jüdischen Diaspora erlebt seinerseits einen Wandel, der nicht direkt an Israel, sondern mehr noch an die mittlerweile weltweite postkoloniale Debatte geknüpft ist. Während Phänomene wie identitäre Vergemeinschaftungen und Opferrivalitäten weiter um sich greifen, beansprucht die Erinnerung an den Holocaust für manche zu viel Platz. Es ist, als ob sie anderes Leid in den Schatten stellte und, so absurd dieser Gedanke zunächst auch scheint, irgendwann sogar Neid auf sich ziehen könnte. Eine krankhafte Rivalität des Leidens hat sich hier entwickelt, die den Juden Sätze wie diesen entgegenschleudert: »Ihr seid schließlich nicht allein damit! Auch wir haben gelitten ... und sogar schon vor euch!« Nichts scheint künftig beneidenswerter oder kostbarer als der Status eines Opfers oder Unterdrückten, das Privileg eines schutzspendenden Platzes im Schatten eines großen Unglücks. Denken wir nur an den Satz, den Marceline Loridan-Ivens so gerne zitierte: »Nie werden sie uns das Böse verzeihen, das sie uns angetan haben.« Das jüdische Leid ist zugleich archetypisch und *sonder-bar.*

DER WEISSE JUDE UND
DER DRECKIGE JUDE

Immer mehr Stimmen bekämpfen im Namen des Leids der Vergangenheit, der Kolonisierung, der Sklaverei oder der Diskriminierungen das sogenannte Weißsein, ein Konzept, das ursprünglich unter dem Namen *Whiteness* in den 1990er Jahren in den Vereinigten Staaten aufgekommen ist: das Erbe Europas und der »herrschenden Klasse«, die den »Unterdrückten« der Geschichte Gewalt angetan hat und noch immer die damit zusammenhängenden Privilegien genießt. Es gilt, endlich dem anderen, dessen Stimme so lange erstickt worden ist, Gehör zu verschaffen. Dieses Bestreben ist grundlegend und wichtig, solange es sich nicht um ein Identitätsverständnis handelt, das genauso ausschließend und hasserfüllt ist wie das zu verurteilende.

2016 ist in Frankreich ein Pamphlet erschienen, das auf wenigen Seiten derart gehässig mit dem Westen ins Gericht geht, dass es zu unzähligen Kontroversen und Interpretationen Anlass gegeben hat.[54] Die Autorin Houria Bouteldja ist Sprecherin der Parti des Indigènes de la République (PIR), einer Gruppe, die nach eigenem Bekunden jede Form »imperialer, kolonialer und zionistischer Dominanz« bekämpft. Ihr Buch *Les Blancs, Les Juifs et nous* entwickelt die These, dass der Weiße als »soziologische« Kategorie für die Fehler des Westens verantwortlich und grundsätzlich an der Beherrschung der Kolonisierten mitschuldig sei.

Und wie verhält es sich mit den Juden? Sie haben unbestritten Leid erfahren, aber allein das verschafft ihnen noch keinen Zugang zur Gruppe der »rassistisch Diskriminierten«. Warum nur? Weil die vom Westen kontaminierten Juden gewissermaßen zu Komplizen der Weißen geworden sind. »Man erkennt einen Juden nicht daran, dass er sich als Juden bezeichnet«, schreibt Houria Bouteldja, »sondern an seinem Drang, in der Weißheit aufzugehen.« Wenn der Jude ein »Dhimmi der Republik« ist, ein »senegalesischer Tirailleur des westlichen Imperialismus«[55], dann ist der Zionismus lediglich der Ausdruck einer neuen weißen Gewalt, die es abzuwehren gilt, indem man den »Antizionismus zu einem Refugium«[56] und bevorzugten Ort des Kampfes gegen eine überzeitliche Kolonialisierung erklärt.

Es ist der Krieg eines »Wir«, der Krieg der Ausgeschlossenen und Unterdrückten, der »rassistisch Diskriminierten«, die mit einer identitären Zauberformel unvermittelt gegen das »Sie« des schuldigen Westens zusammengeschweißt werden.

117

In diesem Kampf des entkolonialisierten Ganzen werden die Juden als Wegbereiter eines Zersplitterungsversuchs wahrgenommen. Abermals sind es die Juden, die in Palästina wie im Westen den *Schalom* bedrohen und die Einheit verhindern. In Palästina, weil sie eine koloniale Einpflanzung unterstützen, die vermeintlich zur Mutter aller Imperialismen geworden ist. Und im Westen, weil sie als Komplizen der Werte und unterdrückerischen Aufklärungsphilosophie gelten: als Vertreter des weißen Universalismus.

Nichts Neues also. Ein weiteres Mal spielen die Juden die Rolle der Störenfriede der Geschichte, sind diejenigen, die den großen Einigungselan gefährden. Alles ist anders, aber alles ist gleich. Früher hinderten sie die »Unterdrücker« daran, »wir« zu sagen. Heute hindern sie die »Unterdrückten« daran, geschlossen zusammenzustehen. Früher kolonialisierten sie das Denken, heute die Erde. Systematisch verhindern sie das Einssein, indem sie die erstrebenswerte Einheit abtrennen oder sich selbst von ihr abtrennen.

Doch eines ist womöglich anders: Die ersehnte Einheit ist hier nicht die eines Universalismus, eines Reichs, einer Nation oder eines universellen Bekehrungseifers, die das partikularistische jüdische Projekt gefährden würde, sondern im Gegenteil die eines übersteigerten Identitarismus, der gleichzeitig die Gewalt des (vermeintlich durch den Juden der Diaspora verkörperten) Universalismus und den unterdrückerischen Nationalismus (des israelitischen Juden) anprangert.

Wir sollten dementsprechend sehr genau auf den aktuellen

Diskurs der Identitären und seine Anprangerung des westlichen Universalismus hören.

Plötzlich erheben sich überall gemeinschaftliche »Wirs« gegen die Möglichkeit des Subjekts, in der ersten Person Singular zu sprechen. »Nein, mein Körper gehört nicht mir«, schreibt Bouteldja. »Inzwischen weiß ich, dass mein Platz unter *den meinen* ist.«[57] Die kollektive Zugehörigkeit hat Vorrang vor der Emanzipation des Subjekts, die als Erbe der Aufklärung verstanden wird: Man wird praktisch schon zum Weißen, indem man »ich« sagt.

Ein ähnliches Echo ist auch bei den symbolträchtigsten Emanzipationskämpfen des Subjekts zu vernehmen. Der Feminismus zum Beispiel zeichnet sich heute durch einen antiuniversellen Diskurs aus, der sich zum Teil gegen die eigenen Grundlagen verkehrt.

Dem sogenannten universalistischen Feminismus wird plötzlich vorgeworfen, eine »weiße Erfindung« zu sein, der die Frauen gewaltsam emanzipieren wolle, während er sie gleichzeitig von den Kämpfen zugunsten ihrer »Rasse« oder Religionsgruppe abhalte. Mit anderen Worten: Es handle sich um eine westliche Waffe der Identitätsfragmentierung, die unter dem Vorwand, die Frauen zu befreien, in Wirklichkeit deren Trennung von einem transzendenten »Wir« und einer anderweitigen Treuebindung bewirke.

Diese kommunitäre Weltsicht steht im Kontext einer breit angelegten Entwicklung, die aus den Gegensatzpaaren Unterdrücker/Unterdrückte oder Privilegierte/Kolonisierte das neue Kriterium für die Beurteilung einer Gruppe oder eines Individuums ableitet. In dieser Lesart bildet der Jude erneut den Ort oder den Namen für einen Ausschluss.

Nehmen wir das Beispiel der sogenannten kulturellen Aneignung. Die aus der akademischen Szene der Vereinigten Staaten stammende Debatte fragt, ob es legitim ist, dass ein meist der »herrschenden« Klasse angehörendes Individuum Kleidungs-, Nahrungs- oder Sprachstil einer anderen ethnischen Gruppe übernimmt, zumal wenn diese Gruppe in historischer Hinsicht als »unterdrückt« gilt. Argumentiert wird in etwa so: Der Entleiher laufe Gefahr, ein in einer anderen Gruppe als heilig geltendes Element zu profanieren, indem er es in seinen kulturellen Kontext übernimmt. Schlimmer noch, er reproduziere damit die in der Vergangenheit von einer dominanten Gruppe über eine dominierte, ihrer Reichtümer beraubte Kultur ausgeübte Gewalt. Um die frühere Usurpation wiedergutzumachen, gelte es jetzt, die kulturellen Grenzen einer Gruppe zu respektieren und jegliche Aneignung ihrer kulturellen Hervorbringungen zu verweigern.

Dieser Begriff führt leicht zu ausufernden Diskussionen: Darf ich einen Sombrero tragen, wenn ich kein Mexikaner bin?[58] Darf ich Gospel singen, wenn meine Vorfahren keine

Sklaven waren? Auch wenn man solche Beispiele natürlich belächeln kann, muss man die Debatte ernst nehmen.

Die Soziologen Bradley Campbell und Jason Manning[59] sehen darin die Entwicklung einer »Kultur der Opfer« gegen eine »Kultur der Würde«. Letztere versteht sich als Erbin der universellen westlichen Moral und tritt (bisweilen naiv) für die Möglichkeit ein, ein Individuum an seinem Handeln und nicht an seiner Hautfarbe oder seiner ethnischen Zugehörigkeit zu messen. Gegenüber dieser Tradition verfechten heute manche eine Opferkultur, die in die Beurteilung eines Individuums seine Hautfarbe oder Gruppenzugehörigkeit einfließen lässt. Im Gegensatz zu Menschen, die dominanten oder unterdrückerischen Gruppen angehörten – an oberster Stelle der weiße heterosexuelle Mann –, verdienten menschliche Gemeinschaften oder Gruppen wie Frauen oder Angehörige der LGBT-Community allein aufgrund ihrer Geschichte und vergangener oder gegenwärtiger Diskriminierungen eine besondere Aufmerksamkeit.

Als wäre die im Laufe der Geschichte privilegierte Kategorie verpflichtet, Sühne zu leisten, als wäre sie kollektiv an einem von ihrer Zugehörigkeitsgruppe über Generationen tradierten moralischen Vergehen schuldig.

Diese »Kultur der Opfer« ist eindeutig um Gerechtigkeit und Wiedergutmachung bemüht. Sie beleuchtet die oft unbewusste Weitergabe von Klassen- oder Gruppenprivilegien und ruft zur Wachsamkeit auf. Gleichzeitig stellt sie jedoch auch die Negierung eines universellen Rechtsprinzips dar: Niemand kann wegen einer Verfehlung angeklagt werden, die er nicht selbst begangen hat. Und keiner muss im Namen seiner ethnischen Gruppe, seiner Hautfarbe oder seines Geschlechts eine seinen Vorfahren angelastete kollektive Schuld tragen.

»WIR«: EIN SPRACHLICHER MISSBRAUCH

In diesem transatlantischen Kulturkampf spiegelt sich wie auch in den Forderungen der identitären Gruppen in Europa die Last einer zu sühnenden Kollektivschuld: eine regelrechte Umwertung der aufklärerischen Grundwerte von Würde und Autonomie des Subjekts.

Es ist hoch problematisch, einem Individuum für ein kollektiv erlittenes oder ausgeübtes vergangenes Leid besondere Rechte oder Pflichten zuzuerkennen. Die dahinterstehende Logik beruht auf einer Verwechslung von individueller und kollektiver Sphäre. Kann eine schwarze Haut tatsächlich von den Lebensbedingungen der Schwarzen im Laufe der Geschichte zeugen? Und trägt eine weiße Haut wirklich die Spuren dessen, was andere Individuen mit dem gleichen Melaninspiegel in der Vergangenheit getan haben? Man wird einwenden, dass es sich um soziologische, nicht um biologische Kategorien handelt ... doch wer entscheidet, was legitim ist?

In dieser Sichtweise wird der Einzelne auf die Geschichte seiner Gruppe reduziert und definiert sich lediglich über seine Stammeszugehörigkeit. Er kann nicht mehr sagen: »Ich bin dies und noch vieles mehr.« Das Individuum muss demnach unbedingt zur Gemeinschaft stehen und all das vergessen, was seine vielgestaltige Identität darüber hinaus ausmacht.

Ein exklusiver Narzissmus, der den Einzelnen stets auf seine Familie oder seinen Clan zurückwirft, bringt alle anderen Stimmen in ihm zum Verstummen.

Das Paradox liegt auf der Hand: Weil ein herrschendes System im Laufe der Geschichte andere Stimmen, sprich die der Minderheitengruppe, ausschalten wollte, geht man in dem Bestreben um ausgleichende Gerechtigkeit irgendwann so weit, jede Stimme aus dieser Gruppe, die ihrem vermeintlich festgefügten Bild widerspricht, mundtot machen zu wollen.

Und so wird mit dem Versuch, eine Ungerechtigkeit auszugleichen, indem man Licht in die Dunkelzonen der Geschichte bringt und Minderheiten zu größerer Sichtbarkeit verhilft, der Negierung des Individuums Vorschub geleistet.

Auf diese Weise festigt sich das gemeinschaftliche »Wir«, das paradoxerweise von Individuen verkörpert wird, die sich das Recht anmaßen, im Namen der Gruppe zu sprechen. Jacques Derrida formuliert es folgendermaßen:

»Nun wird ›wir‹ indes stets durch einen einzelnen gesagt … weil stets ich (*moi*) es bin, der ›wir‹ sagt, weil es stets ein ›ich‹ (›*je*‹) ist, das ›wir‹ aussagt und letztlich dadurch in der dissymetrischen Struktur des Aussagevorgangs den anderen als abwesend oder tot oder jedenfalls als inkompetent oder zu spät gekommen, um sich dagegen zu verwahren, unterstellt. Der eine signiert für den anderen.«[60]

Das »identitäre« Wort spricht, selbst wenn es von einem Individuum stammt, immer für einen anderen, der sich nicht darin wiedererkennt und unwillentlich in Geiselhaft gerät. Anders ausgedrückt, ist das »Wir« immer ein sprachlicher Missbrauch[61], ein Ausdruck des angestrebten Einseins, der manchmal sämtliche Hindernisse für die Gruppenkonsolidierung rücksichtslos auszuräumen bereit ist.

KONVERGENZ DER KÄMPFE

Was hat das alles mit den Juden und mit Israel zu tun?

Die jüdische Geschichte hat es zur Genüge gezeigt: Die Versuchung, eins zu werden und die Gruppe zu festigen, stößt sich früher oder später immer an den Juden oder wird »auf ihrem Rücken«, also ihrem Ausschluss, ausgetragen.

Diese Versuchung, sich gegenüber einem Dritten abzugrenzen, findet man in jeder totalitaristisch bedrohten Ideologie und natürlich im religiösen Fundamentalismus. Sie bildet das Herzstück sämtlicher Reinheitsdiskurse, sobald sich in einem Denksystem die Versuchung des *Ganzen* abzeichnet. Folglich wird die Angst vor einer Ansteckungsgefahr zur Obsession. Man fahndet nach dem Spalt, der die Gruppengrenze in Gefahr bringt; sorgt sich um die Anfälligkeit des Systems in Bezug auf das Unreine, also den anderen. Die traditionellen Verkörperungen des Andersseins sind Frauen oder Juden, beliebte Rand- und Störfaktoren, die es um jeden Preis unter Kontrolle zu halten gilt. Sie können jedoch auch andere Namen haben wie Emigranten, Ketzer oder Homosexuelle ...

Ein solcher Reinheitswahn kann sich in die Rhetorik völlig gegensätzlicher Systeme einschleichen. Der religiöse Fundamentalismus oder die totalitäre Ideologie der Rechtsradikalen haben natürlich nichts mit den Idealen der Antikolonialisten oder der radikalen Linken zu tun. Ja, sie stehen sich sogar in vielerlei Hinsicht diametral entgegen, insbesondere was das linke Anliegen betrifft, den Minderheiten Gehör und den vom System Ausgeschlossenen Platz zu verschaffen. Dennoch weisen sie Gemeinsamkeiten auf, die uns hellhörig werden lassen sollten. Die Juden befinden sich heute in der Zange zwischen zwei antagonistischen Diskursen.

Auf der einen Seite die Rechtsradikalen mit ihrem eingefleischten Hass auf die Juden als »Fremde der Nation«: von Parolen wie »Juden, Frankreich gehört euch nicht!«, die 2014 Demonstranten auf den Straßen von Paris riefen, bis hin zu dem 2017 in Charlottesville gebrüllten Slogan »Juden werden uns nicht ersetzen!«. Stets geht es darum, eine die weiße Vorherrschaft vermeintlich bedrohende jüdische Macht und Kontrolle anzuprangern. Die Rechtsradikalen werfen den Juden vor, die bestehende Ordnung zu gefährden. Verglichen mit anderen Diskriminierten haben Juden in den Augen vieler einen privilegierteren Opferstatus inne. Auf diese Weise geraten herkömmliche antisemitische Motive in Umlauf, die oft gar nicht als solche erkannt werden wollen.

Ein Beispiel: Weshalb werden die Juden im Diskurs von Teilen der extremen Linken systematisch mit dem herrschenden Kollektiv identifiziert? Warum gelten sie immer als privilegiert, selbst in einer Gesellschaft, in der ihre Sicherheit auf dem Spiel steht und der Antisemitismus wie in Frankreich tödliche Auswirkungen zeigt? Warum werden sie sogar in einer prekären wirtschaftlichen und gesellschaftlichen Situation als begünstigt wahrgenommen? Wie kann es sein, dass die Forderung nach territorialer Souveränität, nach einer politischen oder kulturellen Autonomie bei jeder ethnischen Minderheit, nur nicht bei den Juden, als berechtigt gilt? Warum haben derart viele feministische Gruppen die Befreiung Palästinas als »das schlagende Herz des neuen Feminismus«[62] auf ihr Banner geschrieben? Als Linda Sarsour, die bekannte Vorsitzende des *Women's March 2017* erklärt, eine Frau könne »nicht gleichzeitig Feministin und Zionistin« sein, impliziert sie, dass der Kampf gegen die Entfremdung der Frauen zwingend »antizionistisch« sein müsse, und schließt damit zionistische jüdische Frauen von ihrem Anliegen aus.

Vermutlich würde sie sich damit rechtfertigen, dass der Feminismus im Namen einer Konvergenz der Kämpfe immer und überall den/die Unterdrückte(n) gegen den Unterdrücker unterstütze. Das stimmt wohl. Aber die Unfähigkeit, unterschiedslos alle unterdrückerischen oder beherrschenden Systeme anzuerkennen, ist verstörend und grotesk. Will sich dieser Neofeminismus im ausschließlichen Im-Stich-Lassen der jüdischen Frauen zugunsten aller anderen abgrenzen? Und weshalb definiert er den Begriff Zionismus nur in Bezug auf ein kolonialistisches oder ultranationalistisches Projekt, in dem sich viele Frauen (darunter auch die Urheberin dieser Zeilen) nicht wiedererkennen?

Die auf bloße Karikaturen reduzierten Identitäten und Definitionen, die Negation der Individuen zugunsten der ihnen zugeordneten Kategorien – all das ergibt einen merkwürdigen Cocktail: Manche sind schuldig für das, was sie sind; andere hingegen, unabhängig von dem, was sie tun, unschuldig.

Zielt die einzig vertretbare Konvergenz der Kämpfe nicht auf den Schutz der Schwachen in ihrer jeweiligen Individualität, in der Verteidigung der Unterdrückten und dem Verantwortlichmachen des Einzelnen; nicht nur als Angehörige eines Clans oder Lagers, sondern als Subjekte, die zu einem kritischen Blick auf die eigene Geschichte und Tradition fähig sind, um ein weltweites politisches Engagement zu ermöglichen?

Fundamentalismus, Nationalismus, Antikolonialismus … die totalitäre Versuchung ist kein Vorrecht eines einzigen Systems. Die Versuchung des *Ganzen* betrifft alle, sogar die Juden! Sie ist nicht zuletzt in bestimmten gemeinschaftlichen Abkapselungen oder ultranationalistischen Leidenschaften wirksam, wenn die Gruppe sich gegenüber einer anderen, angeblich unverträglichen abgrenzt. Vor allem dort, wo man sich auf einen Zionismus beruft, der die jüdische Identität der

Diaspora als illegitim oder abwegig einstuft, und Israel für die *ganze* Antwort auf die Judenfrage und deren endgültige Lösung hält.

Gegenüber dieser gefährlichen Illusion sollten die anderen Juden beständig an die konstitutive Schwachstelle gemahnen, die sie im Laufe der Geschichte verkörpert haben und die als einzige einen Damm gegen den Totalitarismus bilden und das jüdische Fortbestehen gewährleisten kann.

Das wahre Judentum ist in Israel nicht präsenter als in der Diaspora. Letztlich ist es nur dort wahr, wo es nicht *alles* über sich selbst gesagt zu haben glaubt.

DER ANDERE IN UNS

»Authentisch sein«: Dieses Absolutheitsstreben wird heutzutage in zahlreichen Botschaften von Werbung, Politik oder Identitären Bewegungen bemüht. Nationalistische, fremdenfeindliche, antikolonialistische, globalisierungskritische, zionistische oder propalästinensische Rhetorik … unabhängig von den jeweiligen Projekten oder Idealen findet sich darin oft die Vorstellung, dass wir uns von dem befreien müssen, was unsere Identitäten angesteckt oder pervertiert hat, von allen Absonderlichkeiten und Unreinheiten, Unterwerfungen und Beherrschungen, um auf diese Weise die Geschichte wiedergutzumachen, sprich: wieder wir selbst zu werden – oder vielmehr endlich zu sein.

Aber gibt es wirklich einen identitären Purismus zurück-
zugewinnen? In *Mörderische Identitäten* gemahnt Amin Maalouf zur Vorsicht: »Was mich zu dem macht, der ich bin, liegt
in der Tatsache begründet, dass ich mich auf der Grenze von
zwei Ländern, zwei oder drei Sprachen und mehreren kulturellen Traditionen bewege. Gerade das ist es, was meine
Identität bestimmt. Wäre ich mehr ich selbst, wenn ich einen
Teil von mir verleugnen würde? ... Sobald man seine Identität als Summe vielfältiger Zugehörigkeiten begreift ..., gibt
es nicht mehr bloß die ›Unsrigen‹ und ›die anderen‹: zwei Armeen in Schlachtordnung, die sich auf das nächste Gefecht
vorbereiten.«[63]

Dieser Ansatz eines frankolibanesischen Autors, eines
Christen mit arabischem kulturellen Hintergrund, würde sich
ebenso gut für meine Definition der jüdischen Identität eig-
nen, jene eigenartige (erzwungene oder frei gewählte) histo-
rische Fähigkeit, mit der das jüdische Volk gleichzeitig in ver-
schiedenen Welten und Sprachen zu leben vermochte, die
irgendwann in eine Koexistenz des Gleichen und Fremden,
der »Unsrigen« und »der anderen« gemündet ist.

Ist es eine Form der kulturellen Aneignung, wenn ich mich
mit dieser Definition identifiziere? Falls ja, bekenne ich mich
schuldig.

Der innere Dialog zwischen den »Unsrigen« und »den
anderen«, die konstitutive Unreinheit, leugnet nicht etwa die
Existenz eines Volks, sie bekräftigt sie vielmehr. Es gilt anzuerkennen, wie stark diese Existenz durch die Erfahrung

des Fremdartigen geprägt wird; in einer permanenten Bewegung zwischen dem Eigenen und dem, was dieses Eigene dem anderen verdankt: Erst so bildet sich seine Authentizität heraus.

Diesem Begriff wollen wir uns jetzt zuwenden.

Sartre macht ihn zu einem Angelpunkt seiner *Überlegungen zur Judenfrage*, indem er eine Unterscheidung zwischen dem authentischen und dem nicht-authentischen Juden zu treffen versucht.

Er definiert den Juden gewissermaßen als Produkt des antisemitischen Blicks und unterstreicht die Bedeutung, die der Blick der anderen im Laufe der Geschichte auf die Ausbildung der jüdischen Identität hatte. Um die Begrifflichkeiten der heutigen Dekolonialisierer zu übernehmen, prangert Sartre die mentale Kolonisierung an, die der Antisemit oder Herrschende gegen seine Opfer ausgeübt habe.

Der nicht-authentische Jude wäre demnach der, dessen Judentum sich von diesem äußeren Blick nicht befreien könnte.

Worin bestünde dann aber die authentische Identität für eine jüdische, islamische oder queere Minderheitenkultur? Wer kann wirklich von sich behaupten, »rein« oder vom Blick der anderen frei zu sein? Viele nehmen jedoch genau das für sich in Anspruch und bekräftigen, dass ihr Kommunitarismus oder ihr Nationalismus sie unabhängiger, stolzer oder weniger beeinflussbar gemacht habe. Das mag teilweise auch stimmen, zumal wenn eine Gruppe im Laufe ihrer Geschichte diskriminiert und in ihrer Würde verletzt worden ist. Die Philosophin Eva Illouz warnt jedoch vor denen, die Authentizität mit Stolz verknüpfen. Ein heute von so vielen Gemeinschaften proklamierter Diskurs des Stolzes neigt oft zur Behauptung einer authentischen Identität, die von vergangenen Demütigungen und Einflüssen frei sei. Doch diese Forderung nach einem undurchlässigen Ich ist häufig nur ein Spiegelbild ebenjener Fixierung auf den Blick des anderen, ein bildlicher Beweis, der für das herrschende Auge bestimmt ist, von dem man sich zu befreien geglaubt hat und der lediglich eine Etappe der Resilienz darstellt. »Stolz ist eine wichtige psychologische Ressource und politische Strategie, aber er darf nur vorübergehend existieren und nicht zum einzigen Banner werden, das eine Gruppe als Definition der Welt entgegenhält«[64] – denn damit wäre jener Stolz ebenso abhängig vom Blick des anderen und genauso nicht-authentisch wie der frühere. Es wäre ein Stolz, der dem ehemaligen Kolonisator bedeutet: »Wie du siehst, bin ich nicht der, für den du mich hältst. Wie du siehst, bin ich dir nichts schuldig, das siehst du doch, nicht wahr?!«, und damit wäre sein Selbstbild nach wie vor am Denken des anderen ausgerichtet.

Besteht wahre Authentizität nicht gerade in dem Eingeständnis, nicht zu wissen, was ihr zugrunde liegt? In dem Eingeständnis, dass es in uns etwas gibt, was nicht von einem anderen auf uns projiziert worden ist, ein eigenständiges, nicht zu fassendes Ich.

Ich glaube nicht, dass mein Judentum erschöpfend durch

das definiert wird, was der Antisemitismus aus ihm gemacht hat. Ich glaube nicht, nur deshalb Jüdin zu sein, weil die anderen mir diese Eigenschaft zuschreiben. Aber wenn ich darlegen müsste, worin das authentische Wesen meines Judentums besteht, seine spezifische Besonderheit, der harte, von aller historischen Kontingenz befreite Kern, käme ich in Schwierigkeiten. Und womöglich ist genau dieses Unsagbare die beste Definition, die ich zu geben vermag, eine authentische, unmögliche Umschreibung des Jude- und Ich-selbst-Seins.

Zur Definition des Jüdischseins befragt, antwortete Jacques Derrida: »Nun, ich weiß, dass ich es nicht weiß, und ich verdächtige alle, die es zu wissen meinen, es nicht zu wissen ... Was geht vor, was geschieht mit mir, um welches Ereignis handelt es sich, wenn ich auf die Bezeichnung eingehe und mich unbedingt als Jude präsentieren möchte, wenn ich für mich selbst und vor allen anderen sage ›ich bin Jude‹, weder authentisch noch nicht-authentisch noch quasi-authentisch.«[65] Oder an anderer Stelle: »Wenn man zu wissen glaubt, was Jüdischsein bedeutet ..., kann man sicher sein, dass es schon nicht mehr existiert, ja, dass es nie existiert hat.«[66]

Endlich sind wir so weit. Darauf mag der Antisemit ungeduldig gewartet haben, falls er dieses Buch wirklich bis zur letzten Seite gelesen hat. Wie lässt sich mit dem Juden aufräumen? Hier also die gute Neuigkeit: Es gibt tatsächlich ein Mittel, ihn verschwinden zu lassen.

Man muss dem Juden nur einreden, dass er genau weiß,

worin sein Jüdischsein besteht! Dann ist es ein für alle Mal vorbei mit ihm.

Bis dahin, fürchte ich, muss der Antisemit sich mit ihm arrangieren.

ANMERKUNGEN

S. 7: Franz Kafka, *Tagebücher*, Frankfurt am Main 2002, S. 622.

S. 9: Jean-Paul Sartre, *Überlegungen zur Judenfrage*, übers. v. Vincent von Wroblewsky, Hamburg 2017, 3. Auflage,. S. 35.f.

1 Emmanuel Levinas, *Totalität und Unendlichkeit. Versuch über die Exteriorität*, übers. v. Wolfgang Nikolaus Krewani, Freiburg/München 2003, S. 35. In *Totalität und Unendlichkeit* (1961) und *Die Spur des Anderen* (1963) analysiert Levinas Odysseus und Abraham als zwei gegensätzliche philosophische Archetypen des westlichen bzw. jüdischen Denkens. Er schreibt: »Dem Mythos von Odysseus, der nach Ithaka zurückkehrt, möchten wir die Geschichte Abrahams entgegensetzen, der für immer sein Vaterland verläßt, um nach einem noch unbekannten Land aufzubrechen, und der seinem Knecht gebietet, selbst seinen Sohn nicht zu diesem Ausgangspunkt zurückzuführen.« (Emmanuel Levinas, *Die Spur des Anderen. Untersuchungen zur Phänomenologie und Sozialphilosophie*, übers., hg. u. eingeleitet v. Wolfgang Nikolaus Krewani, Freiburg/München 1983, S. 215 f.)

2 Jacques Derrida, *Die Schrift und die Differenz*, übers. v. Rodolphe Gasché u. Ulrich Köppen, Frankfurt am Main 1976, S. 116.

3 Der Midrasch Tanchuma ergänzt, dass Timna aus einer außerehelichen Beziehung zwischen Elifas und der Ehefrau eines Fürsten aus der Region von Seir hervorgegangen sei. Mit dieser Koppelung von

Ehebruch und Inzest wird Amaleks Stammbaum durch eine zweifache sexuelle Transgression geprägt.

4 Babylonischer Talmud, Sanhedrin 99b: »Lotans Schwester ist Timna. Wer ist Timna? Eine Fürstin, die sich bekehren wollte. Sie sprach bei Abraham, Isaak und Jakob vor, aber sie wiesen sie ab. Sie ging und wurde die Nebenfrau von Esaus Sohn Elifas. Sie sagte: Ich will lieber eine Magd dieser Nation als die Fürstin einer anderen sein. Und sie gebar Amalek, der Israel bedrängte. Was bedeutet das? Sie hätten sie niemals abweisen dürfen.«

5 Midrasch Sifre, Beaaloth'a 9: Esaus Bruderhass wird in der Rabbinischen Literatur als ein Gesetz, sprich als unveränderliche und unwägbare Wahrheit beschrieben: »Es ist eine bekannte Regel: Esau hasst Jakob.«

6 Elie Wiesel, *Die Weisheit des Talmuds. Geschichten und Portraits*, Freiburg/Basel/Wien 1992, S. 44.

7 Vgl. Danny Trom, der in seiner Doktorarbeit (*Persévérance du fait juif*, Paris 2018) die These vertritt, dass Israel ein Versuch sei, diese Souveränität auszulagern, indem es den Staat der Juden zu einem neuen Hüter aus der Ferne mache, der all die Nationen und Kaiserreiche ersetze, die beim Schutz der Juden bisher versagt hätten.

8 Vgl. Mireille Hadas-Lebel, »Jacob et Esaü ou Israël et Rome dans le Talmud et le Midrash«, in: *Revue de l'histoire des religions*, 1984.

9 Vgl. den Babylonischen Talmud, Traktat Ketubot 61a oder 96a sowie die Traktate Eruwin 100b oder Yevamot 62b.

10 Vgl. Daniel Boyarin, »Homotopia: the Feminized Jewish Man and the Lives of Women in Late Antiquity«, in: *Differences: A Journal of Feminist Cultural Studies*, 7.2, 1995.

11 Im Oktober 2018 verglich Louis Farrakhan, Führer der afroamerikanischen Nation of Islam, die Juden mit Schädlingen, die die Nation unterminierten. In sozialen Netzwerken verkündete er: »Ich bin nicht Antisemit, ich bin Anti-Termit.«

12 Vgl. Jean-Luc Nancy, *Der ausgeschlossene Jude in uns*, übers. v.

Thomas Laugstien, Zürich 2018, S. 35: »Der Jude ist weder eine andere Gruppe noch ein Mitglied der Gruppe. Er ist Bestandteil der Gruppe, aber so, wie ein pathogenes Organ Bestandteil eines Körpers sein kann, den es infiziert oder zu infizieren droht. Der Jude besetzt die Stellung eines autoimmunen Erregers: er greift die Immunität seines eigenen Körpers an.«

13 Auf Hebräisch bedeutet *H'ada* zugleich »erstens«, aber auch »geschärft« wie eine Klinge, also imstande, mit einem klaren Schnitt etwas zu zertrennen.

14 Jean-Luc Nancy, *Der ausgeschlossene Jude in uns*, S. 40.

15 Mit dem gleichen Argument eröffnete am 27. Oktober 2018 ein Verfechter der White Supremacy das Feuer auf eine Synagoge in Pittsburgh. Er warf den Juden vor, den massiven Ansturm von Migranten an den Grenzen zu fördern und so dem Zerfall Amerikas Vorschub zu leisten.

16 Sigmund Freud, »Analyse der Phobie eines fünfjährigen Knaben«, in: *Gesammelte Werke*, 1906–1909, Band VII, Frankfurt am Main 1999, S. 271.

17 Jean-Paul Sartre, *Überlegungen zur Judenfrage*, übers. v. Vincent von Wroblewsky, Hamburg 1994, S. 44.

18 *Judéités, Questions pour Jacques Derrida*, Paris 2003, S. 27. Übersetzung Nicola Denis.

19 All diese Beispiele stammen aus der Biografie von Pierre Birnbaum, *Léon Blum. Un portrait*, Paris 2016.

20 So kommen nicht zuletzt auch geläufige jüdische Witze zustande: »Was ist die antisemitischste Krankheit überhaupt? Hämorrhoiden.« [Im Französischen besteht eine deutliche Homophonie zwischen hémorroïdes und mort aux Yids!, was so viel wie »tötet die Yids« bedeutet; Anm. d. Übers.]

21 Für weitere Beispiele zu antisemitischen Legenden über die Menstruation der Juden vgl. Sander Gilman, *The Case of Sigmund Freud, Medicine and Identity at the Fin de Siècle*, Baltimore 1993.

22 Otto Weininger, *Geschlecht und Charakter*, Wien/Leipzig 1917, S. 415.

23 Ebd., S. 449.

24 Ebd., S. 442.

25 Vgl. Christina von Braun, »›Le Juif‹ et ›la femme‹: deux stéréotypes de ›l'autre‹ dans l'antisémitisme allemand du XIXème siècle«, in: *Revue germanique internationale*, 5, 1996.

26 Weininger, *Geschlecht und Charakter*, S. 412.

27 Vgl. dazu auch folgende Äußerung Otto Ranks in »The essence of Judaism«, zit. nach Sander Gilman in *The Case of Sigmund Freud*, S. 26: »Andere antisemitische ›Wissenschaftler‹ behaupten, dass die sexuelle Komponente in der Physiologie der Juden, wie bei allen Parasiten, eine wichtigere Rolle spiele als bei anderen ›Arten‹ oder Ethnien.« Übersetzung Nicola Denis.

28 Jean-Paul Sartre, *Die Kindheit eines Chefs*, übers. v. Uli Aumüller, Hamburg 1993, S. 108.

29 Ebd., S. 175.

30 Ebd., S. 177.

31 Vgl. insbesondere J. Le Rider, *Modernité viennoise et crise de l'identité*, Paris 2000.

32 Elisabeth Badinter, *XY, de l'identité masculine*, Paris 1992. Übersetzung Nicola Denis.

33 Vgl. Theodor W. Adorno, *Studien zum autoritären Charakter*, Frankfurt am Main 1995.

34 Vgl. hierzu Marina Allal, »Antisémitisme, hiérarchies nationales et de genre: reproduction et réinterprétation des rapports de pouvoir«, in: *Raisons politiques*, 4/24, 2006.

35 Margarete Mitscherlich-Nielsen, »Antisemitismus – eine Männerkrankheit? Psychoanalytische Betrachtungen«, in: Günther Bernd Ginzel (Hg.), *Antisemitismus. Erscheinungsformen der Judenfeindschaft gestern und heute*, Köln 1991.

36 Daniel Boyarin, *Unheroic Conduct, the Rise of Heterosexuality and*

the Invention of the Jewish Man, Berkely 1997. Übersetzung Nicola Denis.

37 Babylonischer Talmud, Baba Metzia 84a. Vgl. zu einer weiterführenden Analyse dieser Passage: Delphine Horvilleur, *En tenue d'Eve*, Paris 2013.

38 Vgl. z. B. Daniel Boyarin, »This We Know to Be the Carnal Israel«, in: *Critical Inquiry*, 18, Frühjahr 1992.

39 Sigmund Freud, *Brautbriefe. Briefe an Martha Bernays aus den Jahren 1882–1886*. Ausgew., hg. u. mit einem Vorw. v. Ernst L. Freud, Frankfurt am Main 1988, S. 22.

40 Jacques Derrida, *Questions au judaïsme*, Paris 1996, S. 76. Übersetzung Nicola Denis.

41 Daniel Sibony, *L'Enigme antisémite*, Paris 2004, S. 90. Übersetzung Nicola Denis.

42 Vgl. Interview mit Beslama in Les Inrocks: https://abonnes.lesinrocks.com/2016/05/15/actualite/actualite/fethi-benslama/. Übersetzung Nicola Denis.

43 Vgl. Daniel Sibony, *L'Enigme antisémite*.

44 Sigmund Freud, »Der Mann Moses und die monotheistische Religion«, in: *Gesammelte Werke*, Band XVI, Frankfurt am Main 1999, S. 197–8.

45 Babylonischer Talmud, Schabbat 88b: »Und sie stellten sich unter den Berg« (Exodus, 19:17). Rabbi Adbimi Bar Hama deutet das Zitat wie folgt: Der Ewige hält den Berg über Israel umgekehrt wie ein Dach. Wenn ihr die Thora annehmt, gut. Andernfalls wird dies euer Grab.

46 Gedichtauszug von Jehuda Amichai, in: *Offen verschlossen offen*, übers. v. Anne Birkenhauer, m. einem Nachwort v. Ariel Hirschfeld, Frankfurt am Main 2020.

47 Vgl. Unterweisungen von Rabbi Menachem Mendel von Rymanow im 19. Jahrhundert.

48 Gershom Scholem, *Zur Kabbala und ihrer Symbolik*, Frankfurt am Main 1973, S. 47.

49 Jean-Claude Milner, »Lacan le Juif«, in: *La Cause freudienne*, 3/79, 2011 https://www.cairn.info/revue-la-cause-freudienne-2011-3-page-67.htm. Übersetzung Nicola Denis.

50 In seiner psychoanalytischen Theorie ordnet Lacan den Begriff des »Nicht-Ganzen« den Frauen zu, was einmal mehr die Verbindung zwischen Judentum und Weiblichkeit zu besiegeln scheint.

51 Jean-Paul Sartre, *Überlegungen zur Judenfrage*, S. 36.

52 Yuval Harari, »Judaisme is Not a Major Player in the History of Humankind«, in: *Haaretz*, 31. Juli 2016 (https://www.haaretz.com/jewish/.premium.MAGAZINE-judaism-not-a-major-historical-hero-15417341). Übersetzung Nicola Denis.

53 Vgl. die Ausgabe der französischen Zeitschrift *Tenou'a* (Juni 2018), die sich mit dem Zionismus und seinen vielfältigen zeitgenössischen Auslegungen beschäftigt.

54 Vgl. insbesondere die Kritik von Ivan Segré: https://lundi.am/Une-indigene-au-visage-pale

55 Houria Bouteldja, *Les Blancs, les Juifs et nous*, Paris 2016, S. 49. Übersetzung Nicola Denis.

56 Ebd.

57 Ebd. (Hervorhebung der Autorin).

58 Vgl. https://next.liberation.fr/vous/2016/12/22/tous-coupables-d-appropriation-culturelle_1537005

59 Vgl. Bradley Campbell und Jason Manning, *The Rise of Victimhood Culture: Microaggressions, Safe Spaces, and the New Culture Wars*, Basingstoke 2018.

60 Jacques Derrida, »Aus Liebe zu Lacan«, in: *Vergessen wir nicht – die Psychoanalyse!*, hg. und übers. v. Hans-Dieter Gondek, Frankfurt am Main 1998, S. 20 f.

61 An dieser Stelle danke ich Stéphane Habib für ihren Ausdruck und ihren Midrasch des Derrida'schen Denkens.

62 Diese Formulierung wurde im März 2017 auf der amerikanischen Website des Women's March on Washington publik gemacht.

63 Amin Maalouf, *Mörderische Identitäten*, übers. v. Christian Hansen, Frankfurt am Main 2008, S. 7.

64 Eva Illouz, »Under the Hater's Violent Gaze: A Portrait of Racism and anti-Semitism«, in: *Haaretz*, April 2018 https://www.haaretz. com/opinion/.premium.MAGAZINE-long-read-a-portrait-of-ra cism-and-anti-semitism-1 602 8665. Übersetzung Nicola Denis.

65 Jacques Derrida, *Abraham, l'autre*, in: *Judéités*, S. 38. Übersetzung Nicola Denis.

66 Jacques Derrida, *Questions au judaïsme*, S. 81. Übersetzung Nicola Denis.